РУССКИЙ		БЪЛГАРСКИ
СРПСКО-ХРВАТСКИ	52- 41590	POLSKI
華語	TEXT BOOK	粵語
SHQIP	VOLUME I	ČESKY
MAGYAR	LESSONS 1-5	ΕΛΛΗΝΙΚΑ
日本語		한글
TURKÇE		ESPAÑOL
PORTUGUES	JULY 1952	FRANÇAIS
فارسى		العربية
ROMÂNĂ		SVENSKA
DANSK	SERBO - CROATIAN	NORSK
ITALIANO	LANGUAGE DEPARTMENT	DEUTSCH

U. S. *Army Language School, Monterey, Calif.*

SERBO-CROATIAN TEXTBOOK

VOLUME I

INTRODUCTORY LESSON
&
LESSONS 1-5

Second Printing
July 1952

PG 1231
.U53

TABLE OF CONTENTS

	Page
INTRODUCTORY LESSON:	1
I - ORIGIN OF THE SERBO-CROATIAN LANGUAGE	1
II - ORGANS OF SPEECH	2
III - ARTICULATION OF THE VOWELS OF THE SERBO-CROATIAN LANGUAGE-ACCENT	3
IV - DIVISION OF THE CONSONANTS OF THE SERBO-CROATIAN LANGUAGE	6
- CHART OF SERBO-CROATIAN CONSONANTS	8
V - ARTICULATION OF THE CONSONANTS OF THE SERBO-CROATIAN LANGUAGE	9
- CYRILLIC ALPHABET	14
- SAMPLE OF SERBO-CROATIAN HANDWRITING	15
VI - PRONUNCIATION DRILL SENTENCES	16
VII - VOCABULARY	27
LESSON I:	33
DAILY UNIT I:	33
Dialogue No 1: Our School	33
Grammar Analysis No 1:	35
Par. 1 - Nouns	35
Par. 2 - Kinds of Nouns	35
Par. 3 - Gender of Nouns	35
Par. 4 - Declension of Nouns	36
Par. 5 - The Nominative of Nouns - Definition and Use	36
Par. 6 - The Nominative Plural of Nouns	37
Par. 7 - The Stem of Nouns	38
Par. 8 - Change of Velar Consonants	38
Grammar Exercises No 1	39
Reading Text No 1 - Our Lesson	40
Questions on Reading Text No 1	40
Translation Exercise No 1: Our School - We Study Serbo-Croatian	41
Vocabulary No 1	41
DAILY UNIT II:	43
Dialogue No 2: Students	43
Grammar Analysis No 2:	
Par. 9 - Adjectives	45
Par. 10 - Gender of Adjectives	45
Par. 11 - Stem of Adjectives	45
Par. 12 - Formation of Feminine and Neuter Gender Adjectives	46
Par. 13 - Indefinite and Definite Form of Adjectives	46
Par. 14 - Formation of Definite Form of Adjectives	47
Par. 15 - Adjectives with Definite Form only	47
Par. 16 - The Nominative Plural of Adjectives	47

```
    Par. 17 - The Movable "A"                               48
  Grammar Exercises No 2                                    49
  Reading Text No 2: Students                               50
  Questions on Reading Text No 2                            50
  Translation Exercise No 2: Students                       51
  Vocabulary No 2                                           51
DAILY UNIT III:                                             53
  Dialogue No 3: Family                                     53
  Grammar Analysis No 3:                                    55
    Par. 18 - First, Second and Third Person                55
    Par. 19 - Pronouns                                      55
    Par. 20 - Personal Pronouns                             55
    Par. 21 - Verbs                                         56
    Par. 22 - The Infinitive of Verbs                       56
    Par. 23 - Present Tense of Verbs                        57
    Par. 24 - Auxiliary Verb "бити"                         57
    Par. 25 - Present Tense of the Auxiliary Verb
             "бити"                                         57
  Grammar Exercises No 3                                    58
  Reading Text No 3                                         59
  Questions on Reading Text No 3                            59
  Translation Exercise No 3: Our Family                     60
  Vocabulary No 3                                           60
DAILY UNIT IV:                                              62
  Dialogue No 4: The First Period                           62
  Grammar Analysis No 4:                                    64
    Par. 26 - Interrogative Pronouns                        64
    Par. 27.- The Sentence                                  64
    Par. 28 - The Subject                                   64
    Par. 29 - The Predicate                                 65
    Par. 30 - The Simple Sentence                           65
    Par. 31 - Kinds of Sentences                            65
    Par. 32 - Declarative Sentences                         66
  Grammar Exercises No 4                                    67
  Reading Text No 4: Classroom                              68
  Questions on Reading Text No 4                            68
  Translation Exercise No 4                                 69
  Vocabulary No 4                                           69

LESSON II:                                                  71
  DAILY UNIT I:                                             71
    Dialogue No 1: Progress                                 71
    Grammar Analysis No 1:                                  73
      Par. 33 - The Predicate Nominative and the
               Predicate Adjective                          73
      Par. 34 - Word Order                                  73
      Par. 35 - Interrogative Sentences                     73
      Par. 36 - Interrogative-negative Sentences            75
      Par. 37 - The Long Plural of Masculine Nouns          75
    Grammar Exercises No 1                                  76
```

```
    Reading Text No 1: Work                                          77
    Questions on Reading Text No 1                                   78
    Translation Exercise No 1: The First Student                     78
    Vocabulary No 1                                                  79
DAILY UNIT II:                                                       81
    Dialogue No 2: Studying at Home                                  81
    Grammar Analysis No 2:                                           82
        Par. 38 - The Present Tense Endings                          82
        Par. 39 - The Present of Verbs with the Connecting
                 Vowel "A" and with the Pr. T. Endings
                 "АМ, АШ, А ..."                                     83
        Par. 40 - The Present of Verbs with the Connecting
                 Vowel "Е" or "И" and with the Pr. T.
                 Endings "ИМ, ИШ ...".                               84
        Par. 41 - Use of the conjuction "ДА"                         84
        Par. 42 - Imperfective and Perfective Verbs                  85
    Grammar Exercises No 2                                           86
    Reading Text No 2: Homework                                      87
    Questions on Reading Text No 2                                   88
    Translation Exercise No 2: Work at Home                          88
    Vocabulary No 2                                                  89
DAILY UNIT III:                                                      90
    Dialogue No 3: Leaving for School in the Morning                 90
    Grammar Analysis No 3:                                           91
        Par. 43 - Transitive and Intransitive Verbs                  91
        Par. 44 - The Direct Object                                  92
        Par. 45 - The Singular Accusative Case of Nouns              92
        Par. 46 - The Present Tense of the Verb "ихи"                93
        Par. 47 - The Accusative Case with Prepositions              94
    Grammar Exercises No 3                                           96
    Reading Text No 3: What a Student Does                           97
    Questions on Reading Text No 3                                   97
    Translation Exercise No 3                                        98
    Vocabulary No 3                                                  98
DAILY UNIT IV:                                                      100
    Dialogue No 4: Where are Things in the Classroom                100
    Grammar Analysis No 4:
        Par. 48 - The Locative Singular of Nouns                    102
        Par. 49 - Demonstrative Pronouns                            103
    Grammar Exercises No 4                                          105
    Reading Text No 4: Where are Things in the Classroom            106
    Questions on Reading Text No 4                                  107
    Translation Exercise No 4: What the Student Does                107
    Vocabulary No 4                                                 108

LESSON III:                                                         111
    DAILY UNIT I:                                                   111
        Dialogue No 1: About the Town of Monterey                   111
```

Grammar Analysis No 1: 113
    Par. 50 - The Accusative Plural of Nouns 113
    Par. 51 - The Locative Plural of Nouns 113
    Par. 52 - The Accusative Singular of Adjectives 114
    Par. 53 - The Accusative Plural of Adjectives 115
Grammar Exercises No 1 116
Reading Text No 1: The Army Language School 117
Questions on Reading Text No 1 118
Translation Exercise No 1: The Army Language School 118
Vocabulary No 1 119
DAILY UNIT II: 121
  Dialogue No 2: Weather 121
  Grammar Analysis No 2:
    Par. 54 - The Compound Past Tense or the Perfect 123
  Grammar Exercises No 2 126
  Reading Text No 2: The Climate in Monterey 127
  Questions on Reading Text No 2 127
  Translation Exercise No 2 128
  Vocabulary No 2 128
DAILY UNIT III: 131
  Dialogue No 3: Nature 131
  Grammar Analysis No 3: 133
    Par. 55 - The Locative Singular of Adjectives 133
    Par. 56 - The Locative Plural of Adjectives 134
    Par. 57 - Final Л and O 134
    Par. 58 - Collective Nouns 135
  Grammar Exercises No 3 136
  Reading Text No 3: The Monterey Peninsula 137
  Questions on Reading Text No 3 138
  Translation Exercise No 3: Nature 138
  Vocabulary No 3 139
DAILY UNIT IV: 141
  Dialogue No 1: About Animals 141
  Grammar Analysis No 4: 143
    Par. 59 - Possessive Pronouns 143
    Par. 60 - The English Possessive Pronoun "Its" 144
    Par. 61 - Review of Declension Endings 145
  Grammar Exercises No 4 147
  Reading Text No 4: Animals 148
  Questions on Reading Text No 4 148
  Translation Exercise No 4 149
  Vocabulary No 4 149
LESSON IV: 151
  DAILY UNIT I: 151
  Dialogue No 1: The Human Body 151
  Grammar Analysis No 1:
    Par. 62 - Kinds of Adjectives 153
  Grammar Exercises No 1 155
  Reading Text No 1: Face 156
  Questions on Reading Text No 1 157

```
        Translation Exercise No 1: Our Body                  158
        Vocabulary No 1                                      158
DAILY UNIT II:                                               160
    Dialogue No 2: About our Life and Body                   160
    Grammar Analysis No 2:                                   162
        Par. 63 - Adjectives Ending in "ски"                 162
        Par. 64 - Assimilation of Voiced and Voiceless
                   Consonants                                164
    Grammar Exercises No 2                                   164
    Reading Text No 2: Body (Parts)                          166
    Questions on Reading Text No 2                           167
    Translation Exercise No 2: The Human Body                167
    Vocabulary No 2                                          168
DAILY UNIT III:                                              170
    Dialogue No 3: About Food                                170
    Grammar Analysis No 3:                                   172
        Par. 65 - The Genitive Case                          172
        Par. 66 - The Genitive Singular of Masculine Nouns   172
        Par. 67 - Genitive Singular of Feminine Nouns.       172
        Par. 68 - Genitive Singular of Neuter Nouns          172
        Par. 69 - Genitive Plural of Masculine Nouns         173
        Par. 70 - Genitive Plural of Feminine Nouns          174
        Par. 71 - Genitive Plural of Neuter Nouns            174
    Grammar Exercises No 3                                   174
    Reading Text No 3: Meals                                 176
    Questions on Reading Text No 3                           176
    Translation Exercise No 3: Meals                         177
    Vocabulary No 3                                          177
DAILY UNIT IV:                                               179
    Dialogue No 4: Purchasing food (meat and vegetables)     179
    Grammar Analysis No 4:
        Par. 72 - The Genitive Singular of Masculine and
                   Neuter Adjectives                         181
        Par. 73 - The Genitive Singular of Feminine
                   Adjectives                                182
        Par. 74 - The Genitive Plural of Adjectives          182
    Grammar Exercises No 4                                   183
    Reading Text No 4: Meat                                  184
    Questions on Reading Text No 4                           184
    Translation Exercise No 4: Purchasing of food            185
    Vocabulary No 4                                          185

LESSON V:                                                    189
DAILY UNIT I:                                                189
    Dialogue No 1: About Dishes                              189
    Grammar Analyses No 1:                                   191
        Par. 75 - The Genitive Possessive                    191
        Par. 76 - The Genitive of Quality                    192
        Par. 77 - The Genitive of Origin                     192
    Grammar Exercises No 1                                   193
```

Reading Text No 1: How Meat is Prepared and Eaten in Yugoslavia	194
Questions on Reading Text No 1	194
Translation Exercise No 1: How Meat is Eaten in Yugoslavia	195
Vocabulary No 1	196

DAILY UNIT II: 198

Dialogue No 2: Where We Buy Foods	198
Grammar Analysis No 2:	201
Par. 78 - Adverbs	201
Par. 79 - Adverbs of Place	201
Par. 80 - Adverbs of Quantity	202
Grammar Exercises No 2	203
Reading Text No 2: About the Bread in Yugoslavia	204
Questions on Reading Text No 2	205
Translation Exercise No 2: Where We Buy Food	205
Vocabulary No 2	206

DAILY UNIT III: 208

Dialogue No 3: In the Grocery Store	208
Grammar Analysis No 3:	210
Par. 81 - The Genitive Partitive	210
Par. 82 - The Genitive Partitive after Nouns	210
Par. 83 - The Genitive Partitive after Numerals	210
Grammar Exercises No 3	212
Reading Text No 3: About Numerals	213
Questions on Reading Text No 3	214
Translation Exercise No 3: In the Grocery Store	214
Vocabulary No 3	215

DAILY UNIT IV: 216

Dialogue No 4: In the Restaurant	216
Grammar Analysis No 4:	
Par. 84 - English "There is" and "There are"	218
Par. 85 - The Genitive Partitive after Adjectives	220
Grammar Exercises No 4	220
Reading Text No 4: Menu	221
Questions on Reading Text No 4	222
Translation Exercise No 4	222
Vocabulary No 4	223

INTRODUCTION TO THE SERBO-CROATIAN LANGUAGE

I ORIGIN OF THE SERBO-CROATIAN LANGUAGE

The Serbo-Croatian language is one of the Slavic, or Slavonic languages. It falls into the language group known as Indo-European. The English language, too, belongs to this large group. Therefore, the two languages do not differ fundamentally, and it is possible to make a close and true translation from one language to the other.

The Serbo-Croatian language derives its name from the fact that it is spoken by both the Serbs and the Croats. The Serbs, Croats and Slovenes make up the population of Yugoslavia. The Slovenes, who inhabit the northwestern part of the country, have their own language which is called Slovenian. This language is very closely allied to Serbo-Croatian.

The Serbs and Croats use the same language, but, due to historical reasons, there are certain differences between the Serbian, which is the idiom spoken by the Serbs, and the Croatian, which is the idiom spoken by the Croats. However, these differences are very slight and have been disappearing gradually since the formation of Yugoslavia after the First World War. We are able, therefore, to speak of one, and only one language - the Serbo-Croatian language. The study of this language will be the object of our course.

The Serbs, who are members of the Eastern or Orthodox Church, use the alphabet known as Cyrillic (so do the Russians and the Bulgars). The Croats and the Slovenes, who are Roman Catholics, use a modified Latin alphabet (so do the Poles, the Czechs and the Slovaks). This Latin alphabet is the same as that used in English except for the fact that a few of the consonants are also used with special diacritic signs.

Many Serbs and many Croats use both alphabets freely. The students will be required to learn both alphabets. However, the Cyrillic alphabet will be introduced first, and the Latin will be given at a later stage, after the students have become fully familiar with both the printed and the written characters of the Cyrillic alphabet.

The Cyrillic alphabet was named for St. Cyril who, with his brother Methodius, converted the Slavs in Moravia in the ninth century. However, the Slavs in the Balkans were converted by their disciples. St. Cyril invented this alphabet in order to further the success of his mission and to make possible the writing of the Holy Scriptures in the various Slavic languages.

The original Cyrillic alphabet was reformed and simplified in the first half of the nineteenth century by the great Serbian philologist and author, Vuk Stefanovic Karadzic. This modern Cyrillic alphabet is basically phonetic, that is, <u>each single letter represents one and only one sound</u>. Vowels make an exception to this rule in so far as the same letter represents sounds of various lengths and tones, but the quality of the vowel remains the same.

II ORGANS OF SPEECH

In order that the student may master the pronounciation of various sounds, he must learn how these sounds are produced. The sounds of speech are produced by breath which is forced from the lungs and then modified by the vocal organs. The vocal organs, or organs of speech, consist of: the lips, the teeth, the teethridge, the palate, the tongue and the vocal cords as shown in the picture below:

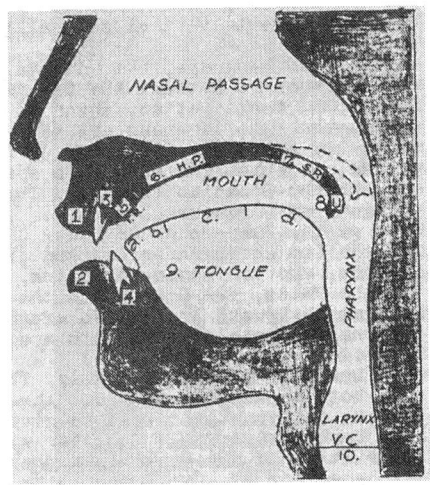

1. Upper lip
2. Lower lip
3. Upper teeth
4. Lower teeth
5. Teethridge
6. Hard Palate
7. Soft Palate (Velum)
8. Uvula
9. Tongue:
   a. Point
   b. Blade
   c. Front
   d. Back
10. Vocal Cords

The lips: the upper and lower lip.
The teeth: upper and lower.
The teethridge, or alveoli, is the gum just behind the teeth. The upper teethridge is more important than the lower.
The palate consists of the hard palate and the soft palate, or velum. The hard palate is the roof of the mouth from the teethridge back to about the middle of the palate. The velum extends from the middle to the back of the roof of the mouth. The uvula is a soft appendage hanging down from the back of the velum. The velum can be raised to the back wall of the throat where it enters the nasal cavity, so as to shut off the passage of air into the nasal cavity.

The tongue consists of: (a) the <u>tongue tip or point</u>, (b) the <u>blade of the tongue</u>, which is the edge of the tongue immediately behind and around the tip, (c) the <u>front of the tongue</u>, which extends from the blade back to about <u>the middle of the tongue</u> (about 1½ inches). When the mouth is closed, the front of the tongue lies directly underneath the hard palate; (d) the <u>back of the tongue</u>, which is the remaining part of the tongue back of the middle. When the mouth is closed the back of the tongue lies directly under the velum.

The <u>vocal cords</u> are actually a pair of folds in the mucous membrane containing ligament and muscle fiber. They are contained in the <u>larynx</u> which is an enlargment of the upper end of the <u>windpipe</u>. The front edge of the larynx forms the <u>Adam's apple</u>.

The organs of speech that have just been described are used to articulate the sounds in the following way. When the air is expelled from the lungs it passes through the <u>larynx</u> and the <u>pharynx</u>, and then forward and out through the mouth or the nose or through both. However, this flow of air may be stopped or impeded at various points along the way, and the shape of the chambers through which it passes may be variously modified.

The sounds are divided in two large groups: the vowels and the consonants. When vowels are articulated, the passing of air is left unobstructed except for the fact that the shape of the oral cavity is modified by various movements of the tongue and of the lips. When consonants are articulated the current of air is either completely stopped at some point by closing the passage through which it flows, or the passage is narrowed so that the air current has to squeeze through, or an elastic organ, like the tongue point for instance, is caused to vibrate rapidly.

In order to pronounce correctly the sounds of a certain language it is necessary to know how these sounds have to be articulated, that is, how the speech organs have to be used in order to produce exactly the sound desired. It will now be explained how the sounds of the Serbo-Croatian language are articulated.

III ARTICULATION OF THE VOWELS OF THE SERBO-CROATIAN LANGUAGE

There are five vowels in Serbo-Croatian: "a", "e", "u", "o" and "y", as represented by cyrillic letters*. Two of these, that is, "e" and "u" are <u>front vowels</u>, which means that they are articulated by raising the front of the tongue towards the hard palate. The other three are <u>back vowels</u>, which means that they are articulated by raising the back of the tongue towards the velum.

When pronouncing "a", the tongue is raised least; when pronouncing "e" and "o", the tongue is raised more; when pronouncing "u" and "y", the tongue is raised most. Consequently, "a" is a low-back vowel; "e" is a mid-front; "o" is a mid-back; "u" is a high-front, and "y" is a high-back.

*In the alphabet of the International Phonetic Association the following phonetic symbols are used to designate respectively the above vowels: "a", "e", "i", "o", "u". When referring to vowels in this course, only the Cyrillic characters will be used.

The position of the tongue as well as the teeth and of the lips while pronouncing Serbo-Croatian vowels is illustrated by the diagrams below:

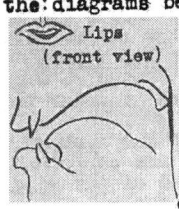

Serbo-Croatian "u":

Teeth almost closed; lips spread laterally; front of the tongue raised high towards hard palate.

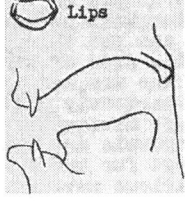

Serbo-Croatian "y":

Teeth almost closed; lips closely rounded; back of the tongue raised high towards velum.

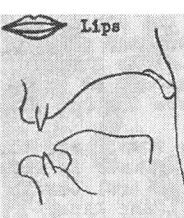

Serbo-Croatian "e":

Teeth more apart than for "u"; lips spread laterally but less than for "u"; front of the tongue raised towards hard palate, but less than for "u".

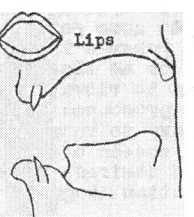

Serbo-Croatian "o":

Teeth more apart than for "y"; lips less rounded than for "y"; back of the tongue raised towards velum, but less than for "y".

Serbo-Croatian "a":

Teeth more apart than for "o"; lips wide open; back of the tongue raised towards velum, but less than for "o".

In addition to the quality of the vowel, which is determined only by the position of the speech organs as shown above, one must also observe the length of a vowel and the tone of a vowel. Neither the length nor the tone should have any influence upon the quality of the vowel in Serbo-Croatian. It is true that in loose uncontrolled speech of a native, a certain vowel may seem to have a quality different from the quality that the same vowel has when standing in another syllable. However, the student should ignore this and should strive to always give the same quality to his vowels as indicated on the diagram, no matter in what syllable the vowel stands.

Each of the five vowels can be either short or long. There are no reliable rules as to when a vowel must be pronounced short and when long, except for the following: the stressed vowel and the vowels that follow the stressed vowel can be short or long; the vowels that precede a stressed vowel must be short.

The tone of the vowel is a peculiarity of the Serbo-Croatian language. There are two kinds of tone: the rising tone and the so called falling tone, which is actually a rising-falling tone.

The rising tone consists of a rise in pitch within the vowel of about a semitone or a full tone. The rising-falling tone is formed by a similar rise followed by a fall of approximately two and half to three tones. Both in the case of the rising and of the rising-falling tone, the syllable that follows that vowel is pronounced with the raised or lowered pitch respectively, that is, the next syllable has the same pitch as that which the preceding vowel has after it has been raised or lowered. A vowel with a rising tone is pronounced in almost the same way as the stressed vowel in an English word pronounced with a questioning tone: Are you coming? A vowel with a rising-falling tone is pronounced as a stressed English vowel in normal speech: I am coming.

There are certain rules as to the use of tone in words:

(1) Only the stressed vowel in a word can have a tone, either a rising, or a rising-falling tone. All the unstressed vowels are toneless. There are no rules as to which vowel in the word is to be stressed. There is only a general guidance: most of the Serbo-Croatian words do have the stress on their first vowel, that is the first syllable (in Serbo-Croatian, there are as many syllables in a word as there are vowels in that word), and in words of four or more syllables, the stress is most likely to fall on the third syllable from the end. The last syllable is never stressed.

(2) In words that consist of only one syllable (monosyllabic words), the vowel can have only the rising-falling tone, or it can be toneless. It can never have the rising tone. There are definite rules as to when the vowel of a monosyllabic word has the rising-falling tone and when it is toneless. These rules will be explained later.

(3) In words of two or more syllables, we have to distinguish as follows:
    (a) if the stress falls on the first vowel in a word, that vowel can have either a rising or a rising-falling tone;
    (b) if the stress falls on a vowel other than the first, that vowel can have only a rising tone.

Consequently, the problem of discerning the tone of a vowel boils down to finding out whether the first and stressed vowel in words of two or more syllables has a rising or a rising-falling tone. Since most of the words in Serbo-Croatian do have their stress on the first syllable, the problem of discerning the tone of vowels in Serbo-Croatian remains a difficult one for the student.

When writing Serbo-Croatian, neither the length, nor the tone, nor the stress is indicated. However, in order to assist the student in pronunciation, in all the Serbo-Croatian words which will appear in the vocabulary at the end of each lesson, the vowels will be marked as follows:

    (1) á will mean a long, stressed "a", with a rising tone;

    (2) ā will mean a long, stressed "a", with a rising-falling tone;

(3) á will mean a short, stressed "a", with a rising tone;

(4) ã will mean a short, stressed "a", with a rising-falling tone;

(5) ā will mean a long, unstressed "a";

(6) a will mean a short, unstressed "a".

IV DIVISION OF THE CONSONANTS OF THE SERBO-CROATIAN LANGUAGE

When articulating vowels, we are concerned only with the position of the tongue, of the teeth and of the lips. When articulating consonants we have to use all the organs of speech.

The organs of speech are divided in "articulators", that is, the movable organs, and those that are not movable, but can serve only as "points of articulation". The articulators are: the lips, the tongue (front and back), the velum and vocal cords. The teeth, the teethridge and the hard palate are points of articulation. The lips can approach the teeth; the tongue can approach the teeth, the teethridge, the hard palate and the velum; the velum can be raised to the back wall of the throat. As to the vocal cords, they can be drawn apart (as during ordinary respiration), or they can be moved so as to narrow the space between them (this space is called the glottis), or as to close that space completely. When the glottis is nearly but not quite closed, the passing air current sets the elastic edges of the vocal cords into rapid vibration.

All the consonants that are pronounced with the vibration of the vocal cords, are called voiced; those that are produced without this vibration are called voiceless.

In addition to this, there are two other divisions of consonants:

(1) Division of consonants according to the organs of speech which are used to produce them:

    (a) Bilabials (lips joined);

    (b) Labiodentals (lower lip against upper teeth);

    (c) Dentals (tongue against upper teeth);

    (d) Dento-Alveolar (tongue against upper teeth and teethridge);

    (e) Alveolar (tongue against teethridge)

    (f) Palatal (tongue against hard palate);

    (g) Velar (tongue against velum).

(2) Division of consonants according to the way obstacles are

put in the flow of air while the consonants are being articulated:

(a) <u>Plosives</u>: The current of air is completely stopped at some point (by means of the lips or the tongue), and then it is suddenly released so that an explosive sound is articulated;

(b) <u>Fricatives</u>: The passage between two speech organs is narrowed so that the impact of breath upon them is heard;

(c) <u>Affricates</u>: They combine the features of the plosives and the fricatives, beginning with a complete stoppage of air and ending with a fricative sound;

(d) <u>Nasals</u>: The velum is lowered so as to leave the nasal cavity accessible to the air stream, which then flows out through the mouth and through the nose;

(e) <u>Laterals</u>: The median line of the mouth passage is stopped, but an opening is left along one or both sides of the tongue for the current to pass through;

(f) <u>Rolled</u>: The passing of the air current causes an elastic organ to vibrate rapidly, like the point of the tongue for example.

If we combine the three above divisions of consonants, we can classify all the Serbo-Croatian consonants as in the chart on the following page. The symbols used are the cyrillic letters which represent the corresponding consonants; the symbols in parentheses are the phonetic symbols of the International Phonetic Association.

As can be seen from that chart, some of the Serbo-Croatian consonants occur in pairs, both as <u>voiced</u> and as <u>voiceless</u>, some only as voiced, some only as voiceless.

For those consonants that come in pairs, when the student has mastered the pronunciation of the voiced variety, he will automatically be able to pronounce the voiceless variety by articulating it in the same way as the voiced one, but he will not cause his vocal cords to vibrate. When the student is pronouncing the voiced variety, he will hear a loud hum in his head if he puts his hands tightly over his ears. Or, if he rests his fingers upon the outside of the larynx, he will feel there the vibration of the vocal cords.

CHART OF SERBO-CROATIAN CONSONANTS

	Bi-labial		Labio-dental		Dental		Dento-alveolar		Alveolar (3)		Palatal (3)		Velar	
	Vd.(1)	Vs.(2)	Vd.	Vs.	Vd.	Vs.	Vd.	Vs.	Vd.	Vs.	Vd.	Vs.	Vd.	Vs.
Plosives	б (b)	п (p)			д (d)	т (t)							г (g)	к (k)
Fricatives			в (v)	ф (f)			з (z)	с (s)	ж (ʒ)	ш (ʃ)	ј (j)			х (x)
Affricates								ц (ts)	џ (dʒ) ђ (dʑ)	ч (tʃ) ћ (tɕ)				
Nasals	м (m)				н (n)						њ (ɲ)			
Laterals									л (l)		љ (ʎ)			
Rolled									р (r)					

(1) Vd. for Voiced
(2) Vs. for Voiceless
(3) Both the palatal and the alveolar consonants (except л and р), will be referred to as palatals when discussed later in this course.

The chart shows that the following consonants come in pairs:

    <u>Voiced consonants</u>:   б, в, д, з, ж, џ, ђ, г

    <u>Voiceless consonants</u>: п, ф, т, с, ш, ч, ћ, к

Further, the consonants "ц" and "х" occur only as voiceless. Finally, the following consonants: м, н, л, р, ј, њ, љ have only the voiced variety. If they are made voiceless they become inaudible unless they are turned into fricatives by increased force of breath. These consonants are called sonorants*. They occupy a position between consonants and vowels, and one of them, the consonant "р", is used in Serbo-Croatian both as a consonant and as a vowel, as will be explained later.

V ARTICULATION OF THE CONSONANTS OF THE SERBO-CROATIAN LANGUAGE

It will now be explained how the various Serbo-Croatian consonants are articulated. For this purpose, it will be convenient to divide them in three groups:

    (a) consonants that exist also in English and are articulated in the same way as in Serbo-Croatian: в, ф; з, с; ј; м;

    (b) consonants that exist in English but are not articulated in the same way as in Serbo-Croatian: б, п; д, т; г, к; ж, ш; џ, ч; н; л;

    (c) consonants that do not exist in English: х; ц; ђ; ћ; њ; љ; р.

The consonants of the last two groups will be taken up individually.

    (A) <u>Serbo-Croatian consonants that exist in English but are pronounced differently</u>.

    (1) "п", "б", "г", "к" are articulated in the same way as the corresponding English "p", "b", "g" (as in goal), "k", except for the fact that these English consonants are aspirated whereas the Serbo-Croatian are not.

бàба	бêба	бŷба	пâпа	пôпа
бàбе	бêбе	бŷбе	пâпе	пôпе
бàби	бêби	бŷби	пâпи	пôпи
бàбу	бêбу	бŷбу	пâпу	пôпу
бàбо	бêбо	бŷбо	пâпо	пôпо

*The sonorants can stand next to voiced or voiceless consonants, either precede them or follow them; a voiced and a voiceless consonant cannot stand next to each other. If a voiced precedes a voiceless, the voiced is converted into its voiceless variety. If a voiceless precedes a voiced, it is converted into its voiced variety (regressive assimilation).

кȁпа	пȅга	гу̏ка	Бо̑г
кȁпе	пȅге	гу̏ке	Бо̏га
кȁпу	пȅгу	гу̏ку	Бо̏гу
кȁпо	пȅго	гу̏ко	

(2) "д", "т" are articulated differently from the corresponding English "d", "t". In English they are alveolar and are pronounced with aspiration; in Serbo-Croatian they are dental and are pronounced without aspiration.

English "d", "t":
tongue point against teeth-ridge

Serbo-Croatian "д", "т":
tongue point against upper teeth

до̑д	дȅте	тȇта	ди̏ка	тȅпа	ку̀да
дȅда	тȁда	до̏ба	тȅбе	кȁда	гу̏та
дȅду	ту̀да	до̑к	тȁко	га̀ди	бу̏ди
дȅде	тȁта	ду̏га	ту̑га	па̀да	би̏ти

(3) The Serbo-Croatian "ж", "ш" are articulated differently from the corresponding English "ʒ" (as in meaꞩure) and "ʃ" (as in biꞩhop):

The English "ʒ", as in meaꞩure, and "ʃ" as in biꞩhop:
Tongue raised so as to approach the blade to the teethridge and the front of the tongue to the hard palate; tongue spread laterally.

Serbo-Croatian "ж" and "ш":
Tongue point against gums of lower teeth; tongue blade raised towards teethridge

жȁба	шȁка	пу̑ж	гу̏ша
жȅга	жу̏га	пу̏жа	гу̏ше
жу̀та	шȁба	пу̏жу	гу̏ши
жи̏жа	шȅга	пу̏же	гу̏шо

(4) The Serbo-Croatian "ц", "ч" are articulated differently from the corresponding English "dʒ" (as in gin) and "tʃ" (as in chin):

English "dʒ" as in gin, and "tʃ" as in chin:
Blade and part of the front of the tongue against the border of the teethridge and the hard palate, followed by an explosive release and the tongue moving down so as to come between the teethridge and the lower teeth

Serbo-Croatian "ц" and "ч":
Blade of the tongue against the teethridge

ца̀к	ча̀ша	па̀че
це̏п	че̏ка	пу̀че
ци̏н	чи̏та	по̀че
бу̀ца	чу̀па	пѐче

(5) The Serbo-Croatian "н" is pronounced differently from the English "n":

English "n":
Tongue point against the teethridge, with sides touching

Serbo-Croatian "н":
Tongue point against the upper teeth

In both languages this consonant is nasal. Consequently, the air flows through the mouth and the nose. As a result of this any vowel occuring next to it is partially nasalized.

на̏ш	да̂н	са̂нта
но̏ж	да̂на	са̂нте
нѐга	да̂ну	са̂нти
ни̏жи	да̂не	са̂нту
ну̏ди	да̂ни	са̂нто

(6) The Serbo-Croatian "л" is articulated in the same way as the English clear "l" (as in "lily"), that is, with the tongue point against the teethridge and with the sides of the tongue free (lateral consonant). The student should guard from using the dark variety of the English "l" (as in "mill") for rendering the Serbo-Croatian "л":

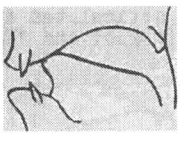

лу̀ла   ла́ла
лу̏ло   лȅла
лу́ли   ло̏ла
лу̂лу   лу̏па
лӯло

(B) <u>Serbo-Croatian consonants that do not exist in English</u>:

(1) The Serbo-Croatian "x" is articulated by forming a narrow passage between the back of the tongue and the velum, and by forcing air through the passage:

мȅх   хе̑ј
мȅха ха̏ло
мȁху хи̏та
ру̑хо хо̏да
ти̏хо ху̏ка

(2) The Serbo-Croatian "ц" is articulated by pressing the tongue point against the back of the lower teeth, and the blade of the tongue against both the upper teeth and the teethridge (it is preferable to have the teeth closed during this articulation):

Ца́ца   дȅца
Ци́ца   ли́це
Цо̏ца   ма́ца
о́ца   му̑ца

(3) The Serbo-Croatian "ђ" and "ћ" are articulated by pressing the tongue tip against the lower teeth, and the blade of the tongue against the teethridge. A very narrow passage is left between the tongue and the lower teeth (in the middle of the tongue) to let the air pass through:

ла̑ђа   ђа̂к   ћа̏ћа   га̏ће
ла̑ђе   ђȅм   ћа̏ће   пе̑ћ
ла̑ђи   ђо̏н   ћа̏ћи   ћи̏и
ла̑ђу   ђу̏ра   ћа̏ћу   но̑ћ
ла̑ђо   ђи́да   ћа̏ћо   ку̑ћа

(4) The Serbo-Croatian "њ" is articulated by pressing the tongue point against the lower teeth, and the blade of the tongue against (both the teethridge and) the fore part of the hard palate. Being a nasal sound, the velum is left open:

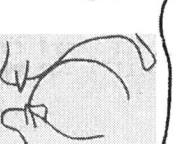

нȅгов   ба̏ња
нȅн   ба̏ње
ни̏хов   ба̏њи
ни̏ва   ба̏њу
му̑ња   ба̏њо

(5) The Serbo-Croatian "љ" is articulated by pressing the tongue point against the lower teeth, and the blade of the tongue against (both the teethridge and) the fore part of the hard palate. The velum is closed. Being a lateral sound, an opening is left on both sides of the tongue to let the air pass through:

    љага   каља
    љело   Беље
    љиљан   Ољe
    љоља   коље
    љуља   куља

(6) The Serbo-Croatian "р" is articulated by raising the tongue point towards the teethridge and by causing the tongue point to vibrate. Lips must be kept apart:

If the tongue point is trilled more than three times (if there are more than three taps), "р" becomes a vowel. The "р" is used in Serbo-Croatian as a vowel in the following cases:

    (a) between two consonants in the middle of a word;

    (b) in the middle of a word, before the vowel "o" which was originally an "л" and was converted into "o", in which case the "р" is marked with two dots;

    (c) in front of a consonant at the beginning of a word; when a prefix is added to such a word, the "р" still remains a vowel.

"р" as a consonant:

ра̀на	о̀ара	пра̏ти	са́рма
ре́ка	о̀ре	пре̑ти	о̀ерба
ри̏ба	о̀ира	при́ма	сви̑рка
ро̀ба	о́бра	про́та	чо́рба
ру́ка	о́ура	пру̑ђе	жу̑рба

"р" as a vowel

    (a)   (b)   (c)
    Србин   умр̈о   р̂ђав
    Хрва̂т   гр̈оце   р̂вач
    о̀рдо   р̂т
    цр̂в   зар̂ђати
    срце

CYRILLIC ALPHABET

PRINTED		WRITTEN [1]		PHONETIC SYMBOL [2]	PRINTED		WRITTEN [1]		PHONETIC SYMBOL [2]
CAPITAL	SMALL	CAPITAL	SMALL		CAPITAL	SMALL	CAPITAL	SMALL	
А	а			a	Н	н			n
Б	б			b	Њ	њ			ɲ
В	в			v	О	о			o
Г	г			g	П	п			p
Д	д			d	Р	р			r
Ђ	ђ			dʑ	С	с			s
Е	е			e	Т	т			t
Ж	ж			ʒ	Ћ	ћ			tɕ
З	з			z	У	у			u
И	и			i	Ф	ф			f
Ј	ј			j	Х	х			x
К	к			k	Ц	ц			ts
Л	л			l	Ч	ч			tʃ
Љ	љ			ʎ	Џ	џ			dʒ
М	м			m	Ш	ш			ʃ

1) When writing the letters, begin each stroke as indicated and follow in the direction of the arrow. The numbers near the arrows indicate the sequence of the strokes. Follow this sequence.

2) As used by the International Phonetic Association (when reference is made to a consonant in this course, only the Cyrillic character, not the phonetic symbol, will be used).

SAMPLE OF SERBO-CROATIAN HANDWRITING

Ко сте ви? Ја сам Рећа Хребељановић.
Шта сте ви? Ја сам ученик.
Шта ви учите? Учим српскохрватски језик.
Који језик говорите? Ја говорим енглески.
Да ли је тешко читати српскохрватски? Није.
Како чита Никифоровић? Он чита добро.
Да ли је енглески тежак? Није тежак а није ни лак.
Да ли је Хаџић добар ђак? Он није добар.
Зашто није добар? Није добар, јер није пажљив.
А ко је добар ученик? Мицић је добар.
Да ли ви разумете кад ја говорим? Не разумем.
Зашто не разумете? Јер говорите брзо.
Шта пита наставник? Пита шта значи "ђак".
Ко зна шта то значи? Ми то не знамо.
Кад пита ученик? Ученик пита кад не разуме.
Шта имате данас? Имамо читање и писање.
Да ли имате перо? Имам и перо и папир.

VI PRONUNCIATION DRILL SENTENCES

1. Jȃ сам у̏ченик.   I am a student.
2. Тȋ си у̏ченик.   You are a student. (informal)
3. Вȋ сте у̏ченик.   You are a student. (formal)
4. О̑н је у̏ченик.   He is a student.
5. Мȋ смо у̏ченици.   We are students.
6. Вȋ сте у̏ченици.   You are students.
7. О̀ни су у̏че́ници.   They are students.
8. Jȃ сам на́ставник.   I am an instructor.
9. Вȋ сте на́ставник.   You are an instructor.
10. О̑н је на́ставник.   He is an instructor.
11. Мȋ смо на́ставници.   We are instructors.
12. О̀ни су на́ставници.   They are instructors.

13. Штȁ сам jȃ?   What am I?
14. Вȋ сте на́ставник.   You are an instructor.
15. Штȁ сте вȋ?   What are you? (formal)
16. Jȃ сам у̏ченик.   I am a student.
17. А̀ штȁ си тȋ?   And what are you? (informal)
18. Ѝ jȃ сам у̏ченик.   I, too, am a student.
19. Штȁ је о̑н?   What is he?
20. И о̑н је у̏ченик.   He, too, is a student.
21. Штȁ сте вȋ ѝ о̑н?   What are you and he?
22. Мȋ смо у̏ченици.   We are students.
23. Штȁ су о̀ни?   What are they?
24. О̀ни су у̏ченици.   They are students.

16

25.	Шта̏ сте ви̑?	What are you?
26.	Ја̑ сам <u>о̀фѝци̑р</u>.	I am <u>a commissioned officer</u>.
27.	А шта̏ сте ви̑?	And what are you?
28.	Ја̑ сам <u>по̀дофици̑р</u>.	I am <u>a non-commissioned officer</u>.
29.	А ви̑?	And you?
30.	Ја̑ сам <u>за̀ставни̑к</u>.	I am <u>a warrant officer</u>.
31.	Шта̏ је ва̏ш чи̑н?	What is <u>your</u> <u>rank</u>? (formal)
32.	Ја̑ сам <u>капѐта̑н</u>.	I am <u>a captain</u>.
33.	Шта̏ је ва̏ш чи̑н?	What is your rank?
34.	Ја̑ сам <u>по̀ручник</u>.	I am <u>a first lieutenant</u>..
35.	А шта̏ је ва̏ш чи̑н?	And what is your rank?
36.	Ја̑ сам <u>по̀тпоручник</u>.	I̧ am <u>a second lieutenant</u>.
37.	Шта̏ је ва̏ш чи̑н?	What is your rank?
38.	Ја̑ сам <u>ста̀рији̑ во̀дник</u>.	I am <u>a master sergeant</u>.
39.	А шта̏ је ва̏ш чи̑н?	And what is your rank?
40.	Ја̑ сам <u>во̀дник</u>.	I am <u>a sergeant first class</u>.
41.	Шта̏ је тво̑ј чи̑н?	What is <u>your</u> rank? (informal)
42.	Ја̑ сам <u>мла̀ђи̑ во̀дник</u>.	I am <u>a sergeant</u>.
43.	Шта̏ је ва̏ш чи̑н?	What is your rank?
44.	Ја̑ сам <u>десѐта̑р</u>.	I̧ am <u>a corporal</u>.
45.	А ва̏ш?	And yours?
46.	Ја̑ сам <u>о̀брац</u>.	I am <u>a private first class</u>.
47.	А тво̑ј чи̑н?	And your rank?
48.	Ја̑ сам <u>о̀брац</u>.	I am a <u>private</u>.

49.	Кȍ сте вȋ?	Who are you?
50.	Jȃ сам капѐтāн Џон Дȍу).	I am Captain John Doe.
51.	Штȁ је госпо̏дин До(у)?	What is Mr. Doe?
52.	Он је капѐтāн.	He is a Captain.
53.	Кȍ сам jȃ?	Who am I?
54.	Вȋ сте нȁставник госпо̏дин Пѐтровић.	You are the instructor, Mr. Петровић.
55.	Штȁ је пу̏ко̄внӣк (госпо̏дин) Смит?	What is Colonel Smith?
56.	Он је комȁндāнт.	He is the Commandant.
57.	Кȍ је пȍтпуко̄внӣк?	Who is a lieutenant colonel?
58.	Пȍтпуко̄внӣк (госпо̏дин Џонз.	Lieutenant colonel Jones.
59.	Кȍ је мȁјо̄р?	Who is a major?
60.	Госпо̏дин Бел је мȁјо̄р.	Mr. Bell is a major.
61.	Штȁ су пу̏ко̄внӣк, пȍтпуко̄внӣк и мȁјо̄р?	What are the colonel, the lieutenant colonel, and the major?
62.	Ȍни су вȋшӣ официрӣ.	They are field grade officers.
63.	Штȁ су капѐтāн, по̏ручник и пȍтпоручник?	What are the captain, the first lieutenant and the second lieutenant?
64.	Ȍни су нȋжӣ официрӣ.	They are company grade officers.
65.	Штȁ су стȁријӣ вȍдник, вȍдник и млȁђӣ вȍдник?	What are the master sergeant, the sergeant first class and the sergeant?
66.	Ȍни су пȍдофицири.	They are non-commissioned officers.
67.	А штȁ је десѐтāр?	And what is the corporal?
68.	И он је пȍдофицир.	He, too, is a non-commissioned officer.
69.	Кȍ је генѐрал (ђенѐрал)?	Who is a general?
70.	Госпо̏дин Стилвел је генѐрāл.	Mr. Stillwell is a general.
71.	Штȁ су генѐрāл и о̏брац?	What are the general and the private?

72.	Они су во̀јнӣцӣ.	They are soldiers.
73.	Ка̀ко је ва̏ше и̏ме?	What (how) is your name? (formal)
74.	Мо̀је и̏ме је Христифор Нићифоровић.	My name is Христифор Нићифоровић.
75.	Ка̀ко је тво̀је и̏ме, а ка̀ко је тво̀је пре́зиме?	What is your first name, and what is your last name? (informal)
76.	Мо̀је и̏ме је Ре̏ља, а мо̀је пре́зиме Хаџи́ћ.	My first name is Ре̏ља, and my last name Хаџи́ћ.
77.	Ка̀ко је мо̀је и̏ме?	What is my name?
78.	Ва̏ше и̏ме је Ђо̀рђе Ни̏нчић.	Your name is Ђо̀рђе Ни̏нчић.
79.	Ка̀ко је ва̏ше и̏ме?	What is your name?
80.	Мо̀је и̏ме је Гр̀гӯр Ми́љковић.	My name is Гр̀гӯр Ми́љковић.
81.	Ја̑ сам Ср̏бин, а шта сте ви̑?	I am a Serb, and what are you?
82.	Ја̑ сам Америка́нац.	I am an American.
83.	Ко̏ је Хр̀ва̄т?	Who is a Croat?
84.	Госпо̀дин Ме̏штровић је Хр̀ва̄т.	Mr. Ме̏штровић is a Croat.
85.	Шта̏ ви̑ у̀чӣте?	What do you study? (formal)
86.	Ја̑ у̀чи̑м јѐзик.	I study the language.
87.	Ко̀јӣ јѐзик у̀чӣте?	What ("which") language do you study?
88.	У̀чи̑м ср̏пски јѐзик и хр̀ва̄тски јѐзик.	I study the Serbian language and the Croatian language.
89.	Ти̑ у̀чи̑ш српскохр̀ва̄тскӣ јѐзик.	You study the Serbo-Croatian language. (informal)
90.	Да̏, у̀чи̑м српскохр̀ва̄тскӣ јѐзик.	Yes, I study the Serbo-Croatian language.
91.	До̀бро, а ко̀јӣ јѐзик у̀чи̑ по̀ручник Хребељановић?	All right, and what language does First Lieutenant Хребељановић study?
92.	И о̏н у̀чи̑ српскохр̀ва̄тскӣ јѐзик.	He, too, studies the Serbo-Croatian language.

93.	А ко̀јӣ је̏зик ӯчӗ капѐта̄н Гр̀бић и во̏дник Сто̏шовић?	And what language <u>do</u> Captain Грбић and Sergeant First Class Стошовић <u>study</u>?
94.	И о̀ни ӯчӗ српскохр̀ватскӣ је̏зик.	They, too, study the Serbo-Croatian language.
95.	Ко̀јӣ је̏зик ӯчите вӣ и ста̀ријӣ во̏дник Га̏чић?	What language do you and Master Sergeant Гачић study?
96.	Мӣ ӯчӣмо српскохр̀ватскӣ је̏зик.	<u>We study</u> the Serbo-Croatian language.
97.	Да̀ ли вӣ го̀воритӗ српскохр̀ватскӣ?	Do you speak Serbo-Croatian? (formal)
98.	Нӗ̏, ја̏ не го̀ворӣм српскохр̀ватскӣ.	No, I do not speak Serbo-Croatia
99.	Да̀ ли десѐта̄р Џонз го̀ворӣ српскохр̀ватскӣ?	Does Corporal Jones <u>speak</u> Serbo-Croatian?
100.	Ни о̏н не го̀ворӣ.	He does <u>not</u> speak <u>either</u>.
101.	Ко̀јӣ је̏зик го̀воритӗ вӣ и о̏н?	What language do you and he speak?
102.	И о̏н и ја̏ го̀ворӣмо ѐнглескӣ.	<u>Both</u> he <u>and</u> I <u>speak English</u>.
103.	Да̀ ли тӣ го̀ворӣш српскохр̀ватскӣ?	Do you speak Serbo-Croatian? (informal)
104.	Нӗ̏.	No.
105.	Да̀ ли Смит и Ха̀милтон го̀ворӗ̄ српскохр̀ватскӣ?	<u>Do</u> Smith and Hamilton <u>speak</u> Serbo-Croatian?
106.	Нӗ̏, не го̀ворӗ̄ ни о̀ни.	No, they do not speak either.
107.	Да̀ ли ва̏ш на̀ставник го̀ворӣ ѐнглескӣ?	Does your instructor speak English?
108.	Да̏, на̏ш на̀ставник го̀ворӣ ѐнглескӣ.	Yes, <u>our</u> instructor speaks English.
109.	Да̀ ли је ѐнглескӣ је̏зик те̏жак?	Is the English language <u>difficult</u>?
110.	Нӗ̏, ѐнглескӣ нӣ̀је те̏жак.	No, English <u>is not</u> difficult.
111.	Да̀ ли је српскохр̀ватскӣ ла̏к?	Is Serbo-Croatian <u>easy</u>?
112.	Нӗ̏, српскохр̀ватскӣ нӣ̀је ла̏к, не̏го те̏жак.	No, Serbo-Croatian <u>is not</u> easy, <u>but</u> difficult.

113.	Да ли је лако говорити енглески?	Is it easy to speak English?
114.	Да, лако је говорити енглески.	Yes, it is easy to speak English.
115.	Да ли је тешко говорити српскохрватски?	Is it difficult to speak Serbo-Croatian?
116.	Да, тешко је говорити српскохрватски?	Yes, it is difficult to speak Serbo-Croatian.
117.	Како говори енглески господин Џонз?	How does Mr. Jones speak English?
118.	Он добро говори енглески.	He speaks English well.
119.	Како говори господин Џонз српскохрватски?	How does Mr. Jones speak Serbo-Croatian?
120.	Он говори српскохрватски рђаво.	He speaks Serbo-Croatian badly.
121.	Ко је добар ученик?	Who is a good student?
122.	Браун је добар ученик.	Brown is a good student.
123.	Да ли је Смит рђав ученик?	Is Smith a bad student?
124.	Да, Смит је рђав ученик.	Yes, Smith is a bad student.
125.	Зашто је он рђав ученик?	Why is he a bad student?
126.	Он је рђав, јер није пажљив.	He is bad, because he is not attentive.
127.	Који ученик је пажљив?	Which student is attentive?
128.	Добар ученик је пажљив.	The good student is attentive.
129.	Да ли је добро бити пажљив?	Is it good to be attentive?
130.	Да, добро је бити пажљив.	Yes, it is good to be attentive.
131.	Да ли је добро бити непажљив?	Is it good to be inattentive?
132.	Не, није добро бити непажљив.	No, it is not good to be inattentive.
133.	Да ли ви разумете шта ја говорим?	Do you understand what I am saying?
134.	Не разумем шта ви говорите?	I do not understand what you are saying.
135.	Зашто не разумеш?	Why don't you understand? (informal)

136.	Не разу́ме̄м, је̏р гово̀рӣте бр̏зо.	I do not understand, because you speak <u>fast</u>.
137.	Да̀ ли вӣ и о̄н разу́ме̄те ка̏д гово̀рӣм по̀ла́ко?	Do you and he understand when I speak <u>slowly</u>?
138.	Да̏, <u>разу́ме̄мо</u> ка̏д гово̀рӣте по̀ла́ко.	Yes, <u>we understand</u> when you speak slowly.
139.	Да̀ ли о̀ни разу́ме̄јӯ ка̏д вӣ гово̀рӣте српскохр̀ва́тски?	Do <u>they understand</u> when you speak Serbo-Croatian?
140.	О̀ни не разу́ме̄јӯ ка̏д ја̄ гово̀рӣм.	They do not understand when I speak.
141.	Да̀ ли Ма́рић разу̀ме̄ ка̏д ја̄ гово̀рӣм?	Does Ма́рић understand when I speak?
142.	Да̏, о̄н разу̀ме̄.	Yes, he understands.
143.	Да̀ ли вӣ разу́ме̄те ка̏д ја̄ гово̀рӣм бр̏зо ѐнгле́ски?	Do you understand when I speak English quickly?
144.	Да̏, <u>разу́ме̄мо</u> ка̏д вӣ бр̏зо гово̀рӣте ѐнгле́ски.	Yes, <u>we understand</u> when you speak English quickly.
145.	Шта̏ вӣ у́чӣте да̀нас?	What are you learning <u>today</u>?
146.	Да̀нас <u>ја̄ у́чӣм да̀ чѝта̄м</u>.	Today, <u>I am learning to read</u>.
147.	Да̀ ли и тӣ <u>у́чӣш да̀ чѝта̄ш</u>?	<u>Are you</u>, too, <u>learning to read</u>? (informal)
148.	Да̏, и ја̄ у́чӣм.	Yes, I, too, am learning.
149.	Шта̏ вӣ и о̄н <u>у́чӣте да̀ чѝта̄те</u>?	What <u>are you</u> and he <u>learning to read</u>?
150.	Мӣ <u>у́чӣмо да̀ чѝта̄мо</u> српскохр̀ва́тски.	<u>We are learning to read</u> Serbo-Croatian.
151.	Ка̏ко <u>чѝта̄јӯ</u> о̀ни српскохр̀ва́тски?	How <u>do they read</u> Serbo-Croatian?
152.	О̀ни чѝта̄јӯ до̀бро.	They read well.
153.	Да̀ ли је <u>чѝта̄ње</u> те̏шко?	Is <u>reading</u> difficult?
154.	<u>Чѝтати</u> српскохр̀ва́тски ни̏је те̏шко.	<u>To read</u> Serbo-Croatian is not difficult.
155.	Да̀ ли је те̏шко гово̀рити српскохр̀ва́тски?	Is it difficult <u>to speak</u> Serbo-Croatian?

156. Није тéшко, а̀ли ни́је ни ла̀ко. — It is not difficult, <u>but</u> it is not easy either.

157. Мо̀лим, ка̀ко се ка̑же "Good morning"? — Please, <u>how is</u> "Good morning" <u>said</u> (how does one say "Good morning")?

158. "Good morning" се ка̑же "До̀бро ју̀тро". — "Good morning" is said "До̀бро ју̀тро".

159. Хва́ла. А ка̀ко се ка̑же "Good day"? — Thank you. And how is "Good day" said?

160. "Good day" се ка̑же "До̀бар да̑н". — "Good day" is said "До̀бар дан".

161. Ка̀ко се ка̑же "Good evening"? — How is "Good evening" said?

162. "Good evening" се ка̑же "До̀бро ве̑че". — "Good evening" is said "До̀бро вече".

163. Мо̀лим, ка̀ко се ка̑же "So long"? — Please, how is "So long" said?

164. "So long" се ка̑же "Дови̂ђе̄ња". — "So long" is said "Дови̂ђења".

165. Ка̀ко се ка̑же "Good-bye"? — How is "Good-bye" said?

166. "Good-bye" се ка̑же "Збо̀гом". — "Good-bye" is said "Збогом".

167. Ка̀ко сте? — How are you?

168. До̀бро сам, хва́ла. — I am all right, thank you.

169. Шта̑ зна́чи "ђа̑к"? — What does "<u>ђак</u>" <u>mean</u>?

170. То̑ зна́чи "pupil". — That means "<u>pupil</u>".

171. А шта̑ зна́чи "у̀читељ"? — And what does "<u>учитељ</u>" mean?

172. То̑ зна́чи "teacher". — That means "<u>teacher</u>".

173. Да̀ ли ви̑ зна̑те̄ шта̑ зна́чи "пажљив"? — Do you know what "пажљив" means?

174. Ја̑ то нѐ знам. — <u>I</u> do not <u>know</u> that.

175. Ко̑ зна̑? — Who <u>knows</u>?

176. Ми̑ то нѐ знамо. — <u>We</u> do not <u>know</u> that.

177. Да̀ ли ти̑ то̑ зна̑ш? — Do <u>you know</u> that? (informal)

178. Ја̑ зна̑м. То̑ зна́чи "attentive". — I know. That means "attentive".

179.	Добро. А зашто они не знају?	All right. And why don't <u>they know</u>?
180.	Они не знају, јер нису пажљиви ђаци.	They do not know because <u>they are not</u> attentive <u>pupils</u>.
181.	Шта ја питам?	What <u>am I asking</u>?
182.	Ви питате шта значи "пажљив"?	<u>You are asking</u> what "пажљив" means?
183.	А шта ви одговарате?	And what <u>do you answer</u>?
184.	Ја одговарам: "Не знам".	<u>I answer</u>: "I don't know".
185.	Кад ученик одговара?	When <u>does</u> the student <u>answer</u>?
186.	Кад зна шта наставник пита.	When he knows what the instructor is asking.
187.	Кад ученици питају?	When do the <u>students ask</u> (questions)?
188.	Они питају кад не разумеју питање.	They ask (questions) when they do not understand <u>the question</u>.
189.	Зашто ти не одговараш?	Why don't <u>you answer</u>? (informal)
190.	Не одговарам, јер не знам.	I am not answering because I don't know.
191.	Зашто ви и он не одговарате?	Why are you and he not answering?
192.	Не <u>одговарамо</u>, јер не знамо.	<u>We are</u> not <u>answering</u> because we don't know.
193.	Имате ли данас писање?	<u>Do you have writing</u> today?
194.	Имамо и писање и читање.	<u>We have</u> both writing and reading.
195.	Имаш ли ти перо и папир?	<u>Do you have pen</u> and <u>paper</u>? (informal)
196.	Имам и перо и папир.	<u>I have</u> both pen and paper.
197.	Да ли је писање тешко?	Is writing difficult?
198.	Није ни лако ни тешко.	It is neither easy nor difficult.
199.	Како се пише "разумети"?	How is "<u>to understand</u>" <u>written</u>?
200.	То се пише "р.а.з.у.м.е.-т.и.".	That is written "р. а. з. у. м. е. т. и.".
201.	А како се пише "знати"?	And how is "<u>to know</u>" written?
202.	То се пише "з.н.а.т.и.".	That is written "з. н. а. т. и.".

203.	Штȁ и̏мају у̀ченици дȁнас?	What do the <u>students have</u> today?
204.	О̀ни и̏мају чѝта̄ње и пѝса̄ње.	They have reading and writing.

205.	Штȁ је то̑?	What is <u>that</u>?
206.	О̀во је рȇчник.	<u>This</u> is a dictionary.
207.	Чи̏ји̑ је то̑ рȇчник?	<u>Whose dictionary</u> is that?
208.	О̀во је мо̑ј рȇчник.	This is <u>my</u> dictionary.
209.	Чи̏ја̄ је то̑ бѐлежница?	<u>Whose notebook</u> is that?
210.	О̀во је мо̀ја бѐлежница.	This is <u>my notebook</u>.
211.	Чи̏је̄ је то̑ пȅро?	<u>Whose pen</u> is that?
212.	О̀во је мо̀је пȅро.	This is my pen.
213.	Ко̏ сам јȃ?	Who am I?
214.	Ви̑ сте нȃставник.	You are an instructor.
215.	Чи̏ји̑ сам јȃ нȃставник?	<u>Whose</u> instructor am I?
216.	Ви̑ сте нȁш нȃставник.	You are <u>our instructor</u>.

217.	Дȁ ли је о̀во тво̀ја књи̏га?	Is this <u>your book</u>? (informal)
218.	Нȅ, то̑ је вȁша.	No, that is <u>yours</u>. (formal)
219.	Ко̀ја̄ је њѐгова о̀ловка?	<u>Which</u> is <u>his pencil</u>?
220.	О̀но је њѐгова о̀ловка.	<u>That one over there</u> is his pencil.
221.	Дȁ ли је то̑ њѐгово пȅро?	Is that <u>his pen</u>?
222.	Ни̏је. О̀во је мо̀је пȅро.	It isn't. This is my pen.
223.	А ко̀је̄ је њѐгово?	And <u>which</u> is his?
224.	О̀но је њѐгово.	That one over there is his.
225.	Ко̀ји̑ је њѐгов рȇчник?	Which is <u>his dictionary</u>?
226.	О̀но је њѐгов рȇчник.	That one over there is his dictionary.
227.	До̀бро је и̏мати рȇчник.	It is good <u>to have</u> a dictionary.

228.	Ла́ко је у́чити ка́д је ре́чник до́бар.	It is easy to study, when the dictionary is good.
229.	Да́ ли је о́во на́ша књи́га?	Is this our book?
230.	Ни́је, то́ је ни́хова.	No, that (it) is theirs.
231.	Да́ ли је то́ ни́хово пе́ро?	Is that their pen?
232.	Ни́је, то́ је на́ше.	It isn't, it is ours.
233.	Да́ ли сте ви́ ни́хов на́ставник?	Are you their instructor?
234.	Не́, ја́ ни́сам ни́хов на́ставник.	No. I am not their instructor.
235.	Ни́сте? А чи́ји́ сте?	You are not? And whose are you?
236.	Ја́ сам ва́ш на́ставник.	I am your instructor.
237.	Да́ ли сте ви́ и о́н на́ставници?	Are you and he instructors?
238.	Не́, ми́ ни́смо на́ставници.	No, we are not instructors.
239.	Ни ти́ ни́си на́ставник.	Neither are you an instructor. (informal)
240.	Ни́сам.	I am not.

VII VOCABULARY

Abbreviations:

    m.   noun, masculine
    f.   noun, feminine
    n.   noun, neuter
    pl.   plural (irregular plural of nouns)
    pron.,m.f.n.   pronoun-masculine, feminine, neuter
    adj.,m.f.n.   adjective-masculine, feminine, neuter
    v.   verb, infinitive
    pr.t.   present tense
    adv.   adverb
    prep.   preposition
    conj.   conjunction
    coll.   collective

А

1. а, conj.   - and (used to contrast two words or
2. али, conj.   - but   two clauses)
3. Американац, m.   - American
    pl.: Американци

Б

4. бележница, f.   - notebook
5. бити, v.   - to be
    pr.t.: сам, си, је, смо, сте, су
    pr.t., negative: нисам, ниси,
                         није, нисмо
                         нисте, нису
6. борац, m.   - private first class; private
    pl.: борци
7. брз, adj., m.   - fast, quick
    брза, f.
    брзо, n.
    брзо, adv.   - fast, quickly

В

8. ваш, pron., m.   - your, yours
    ваша, f.
    ваше, n.
9. ви, pron.   - you (2nd person plural and 2nd
                          person singular-formal)
10. виши, adj., m.   - higher, taller
    виша, f.
    више, n.
    више, adv.   - higher
    виши официр, m.   - field grade officer
11. водник, m.   - sergeant first class
    pl.: водници

Г

12. генѐрал, (ђенѐрал), m. — general
13. говорити, v. — to speak; to say
    гово̀рӣм, гово̀рӣш, гово̀рӣ
    гово̀римо, гово̀рите, гово̀рē
14. госпо̀дин, m. — mister (Mr.), sir
    pl.: госпо̀да, f., coll.

Д

15. да̏ (да̂), adv. — yes
    да̀, conj. — that
    да̀ ли — interrogative particle
16. да̂н, m. — day
17. да̀нас, adv. — today
18. десѐта̄р, m. — corporal
19. до̏бар, adj. m. — good
    до̀бра, f.
    до̀бро, n.
    до̀бро, adv. — well; all right
    бо̏љӣ, m., comparative — better
    бо̏ља̄, f.
    бо̏ље̄, n.
    бо̏ље̄, adv. — better
    на̑јбо̄љӣ, m., superlative — best
    на̑јбо̄ља̄, f.
    на̑јбо̄ље̄, n.
    на̑јбо̄ље̄, adv. — best
20. довиђѐња, adv. — so long, till we meet again

Ђ

21. ђа̂к, m. — pupil
    pl.: ђа̂ци

Е

22. ѐнглēскӣ, adj., m. — English
    ѐнглēска̄, f.
    ѐнглēско̄, n.
    ѐнглēскӣ, adv.

З

23. за̀ставнӣк, m. — warrant officer
    pl.: за̀ставнӣци
24. за̏што, adv. — why
25. збо̀гом, adv. — good-bye
26. зна̀ти, v. — to know
    pr.t.: зна̂м, зна̂ш, зна̂
    зна̂мо, зна̂тē, зна̂ју
27. зна̀чи, v., 3rd person sing. — (it) means

И

28. и, conj. — and
    и....и, conj. — both...and
29. ѝмати, v. — to have
    pr.t.: и̏ма̄м, и̏ма̄ш, и̏ма̄
    и̏ма̄мо, и̏ма̄те, и̏ма̄ју
30. и̏ме, n. — name; first name
    pl.: ѝмена

J

31. jȃ, pron. — I
32. jèзик, m. — language
    pl.; jèзици
33. jȅр, conj. — because
34. jȕтро, n. — morning

К

35. кȁд, conj. and adv. — if; when
36. кȃжē се — it is said
37. кȁко, adv. — how
38. капèтȃн, m. — captain
39. књȉга, f. — book
40. кȍ, pron. — who
41. кȍjȋ, pron.m. — which
    кȍjȃ, f.
    кȍjȇ, n.
42. комàндант, m. — commandant

Л

43. лȁк, adj., m. — easy
    лȁка, f.
    лȁко, n.
    лȁко, adv. — easily

М

44. мàjȏр, m. — major
45. мȋ, pron. — we
46. млȁђȋ, adj., m. — younger
    млȁђȃ, f.
    млȁђȇ, n.
47. млȁђȋ вȍдник — sergeant
48. мȏj, pron., m. — my, mine
    мȍjа, f.
    мȍjе, n.
49. мȍлȋм — please (I beg)

Н

50. нȁставнȋк, m. — instructor
    pl.: нȁставнȋци
51. нȁш, pron., m. — our, ours
    нȁша, f.
    нȁше, n.
52. нȇ, adv. — no
    не(or нȅ, or нȇ) — not (negative particle)
53. нȇго, conj. — but (after negative clause)
54. непȁжљив, adj.m. — inattentive
    непȁжљива, f.
    непȁжљиво, n.
    непȁжљиво, adv. — inattentively
55. ни, conj. — nor
    ни.....ни, conj. — neither.....nor

56. нѝжӣ, adj., m. — lower
    нѝжа̄, f.
    нѝже̄, n.
    нѝже̄, adv.
    нѝжӣ офицӣр, m. — company grade officer

Њ

57. њѐгов, pron., m. — his
    њѐгова, f.
    њѐгово, n.
58. њѝхов, pron., m. — their, theirs
    њѝхова, f.
    њѝхово, n.

О

59. о̀во̄, pron. — this
60. одго̀ва̄рати, v. — to answer
    pr.t.: одго̀ва̄ра̄м, одго̀ва̄ра̄ш,
           одго̀ва̄ра̄, одго̀ва̄ра̄мо,
           одго̀ва̄ра̄те, одго̀ва̄ра̄ју
61. о̀ловка, f. — pencil
62. о̂н, pron. — he
63. о̀ни, pron. — they
64. о̀но, pron. — that over there
65. офѝцӣр, m. — officer

П

66. па̏жљив, adj., m. — attentive
    па̏жљива, f.
    па̏жљиво, n.
    па̏жљиво, adv. — attentively
67. па̀пӣр, m. — paper
68. пѐро, n. — pen
69. пи́са̄ње, n. — writing
70. пи́та̄ње, n. — question
71. пи́тати, v. — to ask a question, to questi
    pr.t.: пи̂та̄м, пи̂та̄ш, пи̂та̄
           пи̂та̄мо, пи̂та̄те, пи̂та̄ју
72. пи́ше се — it is written
73. по̀дофицир, m. — non-commissioned officer
74. по̀ла̋ко, adv. — slowly
75. по̀ручник, m. — first lieutenant
    pl.: по̀ручници
76. по̀тпоручник, m. — second lieutenant
    pl.: по̀тпоручници
77. по̀тпуко̄внӣк, m. — lieutenant colonel
    pl.: по̀тпуковници
78. пре́зиме, n. — last name, surname
79. пуко̄внӣк, m. — colonel
    pl.: пу̀ко̄вници

Р

80. разуме́ти, v. — to understand
   pr.t.: разуме́м, разуме́ш, разуме́
   разуме́мо, разуме́те, разуме́ју
81. ре́чник, m. — dictionary
   pl.: ре́чници
82. р̀ђав, adj., m. — bad
   р̀ђава, f.
   р̀ђаво, n.
   р̀ђаво, adv. — badly

С

83. Ср̀бин, m. — Serb
   pl.: Ср̀би
84. ср̀пски, adj., m. — Serbian
   ср̀пска, f.
   ср̀пско, n.
   ср̀пски, adv. — in Serbian, in Serbian
85. српскохр̀ватски, adj., m. — Serbo-Croatian (fashion)
   српскохр̀ватска, f.
   српскохр̀ватско, n.
   српскохр̀ватски, adv. — in Serbo-Croatian (fashion)
86. ста̀рији, adj., m. — older
   ста̀рија, f.
   ста̀рије, n.
   ста̀рији во̀дник, m. — master sergeant

Т

87. тво̀ј, pron., m. — your, yours (informal)
   тво̀ја, f.
   тво̀је, n.
88. те́жак, adj., m. — difficult, hard
   те́шка, f.
   те́шко, n.
   те́шко, adv. — with difficulty
89. то̑, pron. — that

У

90. у̀ченик, m. — student
   pl.: у̀ченици
91. у̀читељ, m. — teacher
92. у̀чити, v. — to learn, to study
   pr.t.: у̀чим, у̀чиш, у̀чи
   у̀чимо, у̀чите, у̀че

Х

93. Хр̀ват, m. — Croat
94. хр̀ватски, adj., m. — Croatian
   хр̀ватска, f.
   хр̀ватско, n.
   хр̀ватски, adv. — in Croatian (fashion)
95. хва́ла, f. — thanks; "thank you"

Ч

96. чѝjӣ, pron., m.   – whose
     чѝjā, f.
     чѝjē, n.
97. чӣн, m.   – rank
     pl.: чѝнови
98. чѝтӓњe, n.   – reading
99. чѝтати, v.   – to read
     pr.t.: чѝтӓм, чѝтӓш, чѝтӓ
          чѝтӓмо, чѝтӓте, чѝтӓjу

Ш

100. штȁ, pron.   – what

LESSON I

DAILY UNIT I

ПРВИ ДЕО
ДИЈАЛОГ БРОЈ 1

PART I
DIALOGUE NO. 1

Наша школа

1. Наставник: Добро јутро.
   Ученик: Добро јутро.

2. Наст: Шта имамо сад?
   Уч: Сад имамо дијалог.

3. Наст: Шта је дијалог?
   Уч: То је кад говоре наставник и ученици.

4. Наст: Добро. Ко сте ви, молим?
   Уч: Ја сам десетар Петар Зец.

5. Наст: "Зец" српскохрватски значи "rabbit".
   Уч: Добро, хвала.

6. Наст: Који је ово час?
   Уч: Ово је први час.

Our school

1. Instructor: Good morning.
   Student: Good morning.

2. Instr: What do we have now?
   St: Now we have the dialogue.

3. Instr: What is a dialogue.
   St: That is when the instructor and the students speak.

4. Instr: All right. Who are you, please?
   St: I am Corporal Peter Zec.

5. Instr: In Serbo-Croatian "zec" means "rabbit".
   St: All right, thank you.

6. Instr: What ("which") period is this?
   St: This is the first period.

7. Наст: Значи, дијалог је 7. Instr: That means, the dia-
   први час.   logue is the first period.

   Уч: Да, а граматика је   St: Yes, and grammar is the
   други час.   second period.

8. Наст: А кад је граматичка 8. Instr: And when is the gram-
   вежба?   mar exercise?

   Уч: Вежбе су трећи час.   St: The exercises are the
                                third period.

9. Наст: Кад је читање?   9. Instr: When is reading?

   Уч: Читање и превођење је   St: Reading and translating
   четврти час.   is the fourth period.

10. Наст: Шта је пети час?   10. Instr: What is the fifth
                                  period?

    Уч: Писање и превођење   St: Writing and translating
    на српскохрватски.   into ("upon") Serbo-Croatian.

11. Наст: Шта је шести час?   11. Instr: What is the sixth
                                  period?

    Уч: Шести час је дијалог. St: The sixth period is the
                                dialogue.

12. Наст: Да, дијалози су   12. Instr: Yes, the dialogues
    први и шести час.   are the first and the sixth
                                  period.
    Уч: За шта је штиво,   St: What is the reading
    молим?   text for, please?

13. Наст: Штива су за читање 13. Instr: Reading texts are for
    и за превођење на енглески.   reading and for translating
                                  into ("upon") English.
    Уч: Хвала.   St: Thank you.

14. Наст: А за шта је перо?   14. Instr: And what is the pen
                                  for?
    Уч: Пера су за писање. За St: Pens are for writing.
    пети час!   For the fifth period!

34

ДРУГИ ДЕО   PART II

ГРАМАТИЧКА АНАЛИЗА БР. 1   GRAMMAR ANALYSIS NO. 1

(The numbers in front of the example sentences are those under which these sentences appear in the dialogues)

PAR. 1 - NOUNS

(3) То је кад говоре <u>наставник</u> и <u>ученици</u>.
(5) "<u>Зец</u>" српскохрватски значи "<u>rabbit</u>".
(14) А за шта је <u>перо</u>?
(9) Кад је <u>читање</u>?

Words denoting names of persons (наставник, ученици) animals (зец), things (перо), ideas (читање), are called nouns.

PAR. 2 - KINDS OF NOUNS

(4) Ја сам десетар <u>Петар Зец</u>.

Nouns which are the names of individual members of any species (Петар) are called proper nouns.

(4) Ја сам <u>десетар</u> Петар Зец.
(3) То је кад говоре <u>наставник</u> и <u>ученици</u>.

Nouns which name a species (десетар, наставник, ученици) are called common nouns.

Nouns denoting something that cannot be seen or touched, but is supposed or imagined (joy, knowledge) are called abstract nouns.

PAR. 3 - GENDER OF NOUNS

Every Serbo-Croatian noun has a grammatical gender: masculine, feminine, neuter.
Grammatical gender of nouns is determined by the letter in which they end, and not by the sex.

(2) Сад имамо <u>дијалог</u>.
(6) Који је ово <u>час</u>?
(4) Ја сам <u>десетар</u>.

Most Serbo-Croatian nouns ending in a consonant are of masculine grammatical gender (дијалог, час, десетар).

(7) Да, а <u>граматика</u> је други час.
(8) А кад је граматичка <u>вежба</u>?

All Serbo-Croatian nouns ending in "a" are of feminine grammatical gender (граматика, вежба).

(9) <u>Читање</u> и <u>превођење</u> је четврти час.
(14) <u>Перо</u> је за <u>писање</u>.
(13) <u>Штиво</u> је за <u>читање</u>.

All Serbo-Croatian nouns ending in "-e" (читање, превођење, писање) and practically all Serbo-Croatian nouns ending in "-o" (перо, штиво), except personal names and nouns in which final "-o" is preceded by a vowel, are of neuter gender.

NOTE: (a) The gender of animate nouns determined by the sex is called natural gender. Grammatical gender is important for declension of nouns (Par 4) and natural gender for agreement. However, the grammatical and the natural gender of animate nouns in most cases are the same.
(b) In the vocabularies of these lessons the grammatical gender for all listed nouns will be given (m.- masculine, f. - feminine, n. - neuter).
(c) There is no article in Serbo-Croatian.

PAR. 4 - DECLENSION OF NOUNS

Nouns change their form in Serbo-Croatian according to their function in the sentence. Each such change of form is called a "<u>case</u>" and the procedure is called "the declension" of nouns.

NOTE: There are only three cases in English: the nominative, the possessive, and the objective, and there are seven cases in Serbo-Croatian: the nominative, the genitive (possessive), the dative, the accusative (objective), the vocative, the instrumental and the locative.

PAR. 5 - THE NOMINATIVE CASE OF NOUNS - DEFINITION AND USE

Ја сам <u>десетар</u>.
I am a <u>corporal</u>.
(8) А кад је <u>вежба</u>?
<u>Питање</u> је тешко.
The <u>question</u> is difficult.
(15) А за шта је <u>перо</u>?

The nouns "десетар","вежба", "питање" and "перо" in the preceding sentences are in the nominative case singular. This is the form in which nouns are listed in the vocabularies of these lessons and in all dictionaries. The nominative case is the case most frequently used. The most common use of the nominative is as the subject of a verb.

NOTE: (a) The subject is the word in a sentence about which something is asserted.
(b) The nominative case, used as a subject, answers the questions "Who?" or "What?":

Учитељ је овде. - <u>The teacher</u> is here. (Who is here?)
Питање је тешко. - <u>The question</u> is difficult. (What is difficult?)

PAR. 6 - THE NOMINATIVE PLURAL OF NOUNS

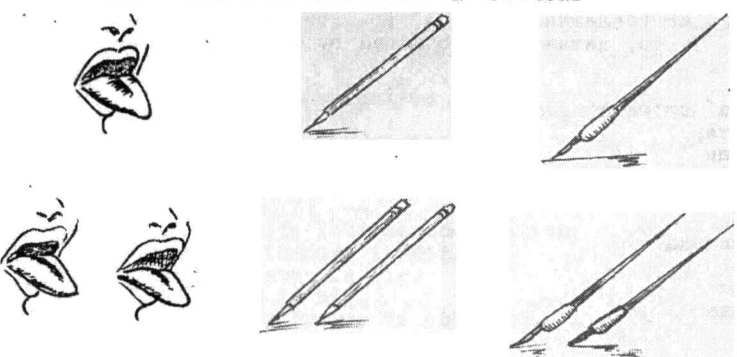

    Ми смо <u>десетари</u>.
    We are <u>corporals</u>.
(8) А кад су <u>вежбе</u>?
    <u>Питања</u> су тешка.
    The <u>questions</u> are difficult.
(15) <u>Пера</u> су за писање.

The nouns "десетари","вежбе","питања" and "пера" in the sentences above appear in a form which is different from the forms of the same nouns in Par. 5. Serbo-Croatian nouns, like English nouns, have two numbers: singular and plural. The forms "десетар", "вежба", "питање" and "перо" in Par. 5 are the nominative singulars and the forms "десетари", "вежбе", "питања" and "пера" are the nominative plurals of the same nouns.
    The nominative plural as well as all other cases of Serbo-Croatian nouns are obtained by adding <u>certain endings</u> to the stem of nouns (Par. 7).

The nominative plural endings are:
For all masculine nouns: -и; десетар - и
For all feminine nouns which in the nominative singular end in "-а": -е; вежб - е
For all neuter nouns: -а; питањ - а, пер - а

PAR. 7 - THE STEM OF NOUNS

The constant (unchangeable) part of nouns, the part which appears in all cases and to which are added the endings to form different cases, is called the stem.

The nominative singular of masculine nouns ending in a consonant (десетар, ученик, дијалог) is the stem itself except the nouns which in the nominative singular have a movable "a" (see Par. 17).

The stem of all feminine nouns that end in "a" in the nominative singular (бележница, вежба, граматика) and of all neuter nouns (перо, јутро, питање) is obtained by dropping the final vowel.

The nominative singular:	The stem:
десетар	десетар-
ученик	ученик-
дијалог	дијалог-
бележница	бележниц-
вежба	вежб-
граматика	граматик-
перо	пер-
јутро	јутр-
питање	питањ-

PAR. 8 - CHANGE OF VELAR CONSONANTS

(3) То је кад говоре и наставник и ученици.
(12) Да, дијалози су први и шести час.
**Они су сиромаси.
They are poor-men.

If the stem of masculine nouns end in a velar consonant (к, г, х), that consonant is changed in the nominative plural and in all other cases the ending of which begins with "и".
"к" turns into "ц": ученик; stem: ученик-; nom.pl: ученици
"г" turns into "з": дијалог; stem: дијалог-; nom.pl: дијалози
"х" turns into "с": сиромах; stem: сиромах-; nom.pl: сиромаси

ТРЕЋИ ДЕО

ГРАМАТИЧКЕ ВЕЖБЕ БР. 1

PART III

GRAMMAR EXERCISES NO. 1

1. Use the proper form of the adjective "добар" (good) before each of the following nouns (добар - nominative singular masculine; добра- nom.sing.feminine; добро - nom.sing.neuter):
Американац, бележница, борац, водник, генерал, господин, дан, десетар, ђак, заставник, име, језик, јутро, капетан, књига, командант, мајор, наставник, оловка, официр, перо, поручник, папир, писање, питање, подофицир, потпоручник, пуковник, речник, Србин, Хрват,,ученик,,учитељ, чин, зец, читање, школа, дијалог, вежба, превођење, штиво, лекција, речник, број, сиромах.

2. Determine the stem of the following nouns:
Водник, генерал, дан, десетар, ђак, заставник, језик, јутро, капетан, књига, командант, мајор, наставник, оловка, официр, поручник, папир, перо, писаче, Хрват.

3. Give the nominative plural of the following nouns:
Водник, генерал, дан, десетар, ђак, језик, командант, дијалог, сиромах, бележница, књига, оловка, граматика, лекција, вежба, перо, штиво, питање.

4. Translate into Serbo-Croatian:
My dictionary is big.
My grammar is big.
My pen is big.
Our dictionary is not good.
Our grammar is not good.
Our pen is not good
Your dialogue is easy.
Your lesson is easy.
Your reading text is easy.
He is the first student.
She is the first student.
This is the first reading text.
This is the last dialogue.
This is the last period.
These are dictionaries.
These are pencils.
These are pens.

ЧЕТВРТИ ДЕО	PART IV
ШТИВО БРОЈ 1	READING TEXT NO. 1

Наша лекција

Први део је дијалог. Други део је граматика. Трећи део је граматичка вежба. Четврти део је српскохрватско штиво. Пети део су питања на то штиво. Шести део је енглеско штиво за превођење на српскохрватски. Седми део је речник.

Први део је за први и шести час. Други део је за други час. Трећи део је за трећи час. Четврти део и пети део су за четврти час. Шести део је за пети час. Шести део је за превођење на српскохрватски и за диктат.

За први час данас имамо дијалог број један, а за шести час имамо дијалог број два. За први час сутра имамо дијалог број два, а за шести час имамо трећи дијалог. Штиво број један је за данас, а штиво број два је за сутра.

ПЕТИ ДЕО	PART V
ПИТАЊА ИЗ ШТИВА БРОЈ 1	QUESTIONS ON READING TEXT NO. 1

1. Шта је први део?
2. Шта је други део?
3. Шта је трећи део?
4. Шта је четврти део?
5. Шта је пети део?
6. Шта је шести део?
7. Шта је седми део?
8. За који час је први део?
9. За који час је други део?
10. За који час је трећи део?
11. За који час је четврти део?
12. За који час је пети део?
13. За који час је шести део?
14. Који део је за диктат?
15. Који део је за превођење?
16. Кад имамо дијалог број један?
17. Кад имамо дијалог број два?

18. Кад имамо трећи дијалог?
19. Кад имамо штиво број један?
20. Кад имамо штиво број два?

ШЕСТИ ДЕО	PART VI
ВЕЖБА ИЗ ПРЕВОЂЕЊА БРОЈ 1	TRANSLATION EXERCISE NO. 1

<u>Our school. We study Serbo-Croatian</u>

Today we have our first lesson. Our lesson is not easy. The first dialogue, the dialogue number one, is for today. The dialogue number two is for tomorrow. We study the dialogue both the first and the sixth periods ("period").

Grammar is difficult, but we study it ("that") both the second and the third periods ("period"). The third period is for exercises.

Translating into Serbo-Croatian is difficult. To translate the Serbo-Croatian reading text into English is not difficult. Dictation is easy.

СЕДМИ ДЕО	PART VII
РЕЧНИК БРОЈ 1	VOCABULARY NO. 1

Abbreviations:
        Cardinal numeral: card.num.
        Ordinal numeral : ord.num.

101. шко̀ла, f.   - school
102. са̀д, adv.   - now
103. дија̀лог, m.   - dialogue
    pl: дија̀лози
104. зе̑ц, m.   - rabbit; hare
    pl: зе̏чеви
105. ча̏с, m.   - period
    pl: ча̏сови
106. пр̏ви, ord.num., m.   - first
    пр̏ва, f.
    пр̏во, n.
107. грама̀тика, f.   - grammar
108. дру̏ги, ord.num., m.   - second
    дру̏га, f., дру̏го, n.

109. грама̀тичкӣ, adj., m.		- grammatical
грама̀тичка̄, f.		
грама̀тичко̄, n.		
110. ве̏жба, f.		- exercise
111. трѐћӣ, ord.num., m.		- third
трѐћа̄, f.		
трѐће̄, n.		
112. прѐвођење, n.		- translating
113. чѐтвр̄тӣ, ord.num., m.		- fourth
чѐтвр̄та̄, f.		
чѐтвр̄то̄, n.		
114. пе̑тӣ, ord.num., m.		- fifth
пе̑та̄, f.		
пе̑то̄, n.		
115. за, prep.		- for
116. на, prep.		- on, upon
117. ше̑стӣ, ord.num., m.		- sixth
ше̑ста̄, f.		
ше̑сто̄, n.		
118. шти̏во, n.		- reading text
119. лѐкција, f.		- lesson
*81. рѐчник, m.		- vocabulary
pl: рѐчници		
120. дȅо, m.		- part
pl: дѐлови		
121. дикта̄т, m.		- dictation
122. бро̑ј, m.		- number
pl: бро̀јеви		
123. јѐдан, card.num., m.		- one
јѐдна, f.		
јѐдно, n.		
124. су̀тра, adv.		- tomorrow
125. два̑, card.num., m.		- two
две̑, f.		
два̑, n.		
126. сирòмах, m.		- poor man
pl: сирòмаси		

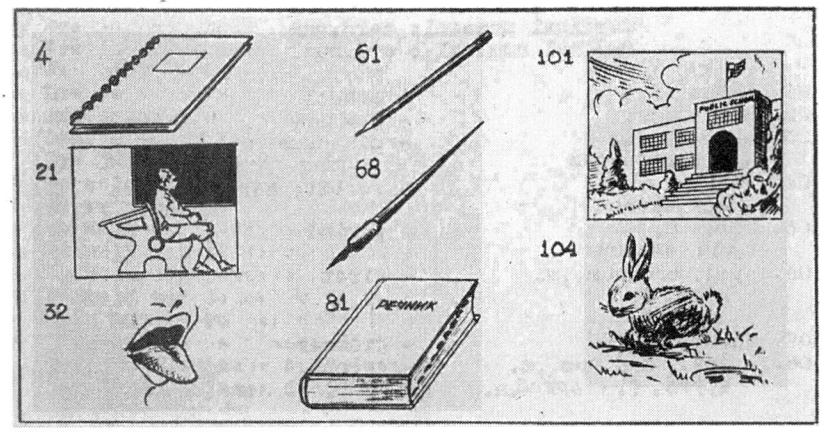

DAILY UNIT II

ПРВИ ДЕО   PART I
ДИЈАЛОГ БРОЈ 2   DIALOGUE NO. 2

Ученици   Students

1. **Наставник**: Да ли је српско-   1. **Instructor**: Is the Serbo-
   хрватски језик тежак?   Croatian language difficult?

   Ученик: Није ни тежак ни   Student: It is neither
   лак.   difficult nor easy.

2. **Наст**: Да ли је српскохрватска   2. Instr: Is Serbo-Croatian
   граматика лака?   grammar easy?

   Уч: Није, али граматичке   St: It isn't, but grammar
   вежбе су лаке.   exercises are easy.

3. **Наст**: Да ли је штиво лако?   3. Instr: Is the reading text
                                           easy?

   Уч: Штива су лака, а и   St: Reading texts are easy
   дијалози су лаки.   and dialogues are easy too.

4. **Наст**: Кад је ученик добар?   4. Instr: When is a student
                                           good?

   Уч: Ученик је добар ако је   St: A student is good if he
   даровит и марљив.   is talented and diligent.

5. **Наст**: Да ли је лош ученик   5. Instr: Is a bad student
   први или последњи?   first or last (in class)?

   Уч: Он је последњи.   St: He is last.

6. Наст: Да ли је госпођица Марић добра ученица?

   Уч: Она је прилично даровита и марљива.

7. Наст: Које штиво је последње?

   Уч: Четврто штиво је последње.

8. Наст: Да ли је прва лекција велика или мала?

   Уч: Она је велика.

9. Наст: Да, она је "богата".

   Уч: И наш речник број један је "богат".

10. Наст: Није ни велик ни мали.

    Уч: "Богати" речник број један је прилично тежак.

11. Наст: Да ли је ваше перо добро?

    Уч: Оно је лоше.

12. Наст: Тешко се пише кад је перо лоше.

    Уч: Или кад ученик није марљив.

13. Наст: Да ли су Американци добри ђаци?

    Уч: Да, они су добри ученици.

6. Instr: Is Miss Marić a good student?

   St: She is fairly talented and diligent.

7. Instr: Which reading text is the last?

   St: The fourth reading text is the last.

8. Instr: Is the first lesson large or small?

   St: It is large.

9. Instr: Yes, it is "rich".

   St: Our vocabulary number one is "rich" too.

10. Instr: It is neither large nor small.

    St: The "rich" vocabulary number one is rather difficult.

11. Instr: Is your pen good?

    St: It is bad.

12. Instr: It is difficult to write when the pen is bad.

    St: Or when a student is not diligent.

13. Instr: Are Americans good students?

    St: Yes, they are good students.

ДРУГИ ДЕО

ГРАМАТИЧКА АНАЛИЗА БРОЈ 2

PAR. 9 - ADJECTIVES

PART II

GRAMMAR ANALYSIS NO. 2

Adjectives are words which describe or limit nouns.

PAR. 10 - GENDER OF ADJECTIVES

1. There are three genders of adjectives in Serbo-Croatian: masculine, feminine and neuter:

    лак, m.   - easy
    лак - a, f. - easy
    лак - o, n. - easy

2. (4) Кад је <u>ученик добар</u>?
   (6) Да ли је госпођица Марић <u>добра ученица</u>?
   (11) Да ли је ваше <u>перо добро</u>?

Adjectives must agree with the nouns they modify in gender, number and case (ученик добар; добра ученица; перо добро).

PAR. 11 - THE STEM OF ADJECTIVES

Serbo-Croatian adjectives have seven cases, which are formed by adding certain endings to the stem of adjectives.
The basic form of all Serbo-Croatian adjectives is the nominative case masculine gender singular (лак). In dictionaries, adjectives are listed in their basic form.
Most Serbo-Croatian adjectives of masculine gender singular end in a consonant, some in "-и", and a few in "-o".
The basic form of adjectives ending in a consonant is at the same time the stem of those adjectives (лак, m.; the stem: лак-), except the adjectives which in their basic form contain a movable "-a" (see Par. 17).

45

The stem of adjectives which in their basic form end in "-и" is obtained by dropping the "-и" (српски, m.; the stem: српск-).

PAR. 12 - THE FORMATION OF FEMININE AND NEUTER GENDER OF ADJECTIVES

1. (1) Да ли је <u>српскохрватски</u> језик тежак?
   (2) Да ли је <u>српскохрватска</u> граматика лака?
   (4) Ученик је <u>добар</u> ако је <u>даровит</u> и <u>марљив</u>.
   (6) Она је прилично <u>даровита</u> и <u>марљива</u>.

The nominative singular feminine of adjectives is obtained by adding the ending "-a" to the stem:

српскохрватски, m.;	the stem: српскохрватск -;	fem: српскохрватск-<u>а</u>
добар, m.	the stem: добр-	fem: добр-<u>а</u>
даровит, m.	the stem: даровит-	fem: даровит-<u>а</u>

2. (1) Српскохрватски језик није ни тежак ни <u>лак</u>.
   (3) Да ли је штиво <u>лако</u>?
   (11) Да ли је ваше перо <u>добро</u>?

The nominative singular neuter of adjectives, the stem of which does not end in a palatal consonant is formed by adding the ending "-о" to the stem:

лак, m.	the stem: лак-	neuter: лак-<u>о</u>
добар, m.	the stem: добр-	neuter: добр-<u>о</u>

3. (7) Четврто штиво је <u>последње</u>.
   (11) Оно је <u>лоше</u>.

The nominative singular neuter of adjectives, the stem of which ends in a palatal consonant is formed by adding the ending "-е" to the stem:

последњи, m.	the stem: последњ-	neuter: последњ-<u>е</u>
лош, m.	the stem: лош-	neuter: лош-<u>е</u>

PAR. 13 - INDEFINITE AND DEFINITE FORM OF ADJECTIVES

Most Serbo-Croatian adjectives have two forms of some cases, <u>the definite</u> and <u>the indefinite</u>. The difference between the two is approximately the difference between the English forms <u>the good pupil</u> (definite) and <u>a good pupil</u> (indefinite). The following chart shows the cases in which the definite and the indefinite forms are different:

	MASCULINE	FEMININE	NEUTER
S I N G U L A R	All cases have both indefinite and definite forms.	Only one form in all cases.	Nominative, accusative and vocative have only one form; the other four cases have two forms.
P L U R A L	Only one form.	Only one form.	Only one form.

NOTE: In cases in which there is no difference in form there exists a slight difference in accent. There is a growing tendency to prefer the definite over the indefinite forms. But only the indefinite form, if it exists, is used as a predicate adjective:

    Ученик је добар.
    The student is good.

PAR. 14 - THE FORMATION OF THE DEFINITE FORM OF ADJECTIVES

    (10) "Богати" речник број један је доста тежак.

The definite form of masculine adjectives is formed by adding "-и" to the stem:

богат, m.   the stem: богат-   definite form: богат-и

PAR. 15 - ADJECTIVES WITH DEFINITE FORM ONLY

    (5) Да ли је лош ученик први или последњи?
    (10) Није ни велик ни мали.

All adjectives, the basic form of which ends in "-и", have the definite form only (последњи, мали).

PAR. 16 - THE NOMINATIVE PLURAL OF ADJECTIVES

    (3) Дијалози су лаки.
    (2) Граматичке вежбе су лаке.
    (3) Штива су лака.

The nominative plural of all adjectives is formed by adding the following endings to the stem:

—For masculine gender adjectives the ending "-и":
лак, m.   the stem: лак-   nom.pl.masculine: лак-и

NOTE: Velar consonants do not change before "и" in the nominative plural of adjectives.

—For feminine adjectives the ending "-e":
лак, m.   the stem: лак-   nom.pl.feminine: лак-е

—For neuter adjectives the ending "-a":
лак, m.   the stem: лак-   nom.pl.neuter: лак-а

PAR. 17 – THE MOVABLE "A"

(13) Да ли су Американци добри ђаци?
Они су добри борци.
They are good fighters.

The nominative plurals "Американци", "борци", and "добри" are not obtained simply by adding the ending "-и" to the nominative singular. In addition to that change, the "a" which in the nominative singular precedes the final consonant has been omitted. This "a" occurs in the nominative singular of all masculine nouns (борац), of all masculine adjectives (добар) and of all masculine pronouns (овакав – this kind of) which otherwise would end in two or more consonants. It is dropped in all other cases except the genitive plural of nouns. Because of that this "a" is called movable "a".

The movable "a" never occurs in one-syllable words. The movable "a" is always short.

nom.sing. лак	nom.pl. лаки
nom.sing. добар	nom.pl. добри
nom.sing. Американац	nom.pl. Американци
nom.sing. борац	nom.pl. борци

NOTE: (a) Exception: The only monosyllabic words which have a movable "a" are the nouns "пас" (dog) and "сан" (dream) and the pronoun "сав" (whole, entire).
(b) The "a" of the numeral "један" (one) is movable.
(c) The only groups of consonants in which Serbo-Croatian nouns and adjectives may end are "-ст" (прст- finger), "-шт" (пришт- boil), "-зд" (грозд- bunch of grapes) and "-жд" (вожд - leader).
(d) In the vocabularies of these lessons there will be given not only the nominative singular of nouns and the nominative singular masculine of adjectives but also the nominative plural of all nouns as well as the nominative singular feminine and neuter of adjectives and pronouns which have a movable "a".

ТРЕЋИ ДЕО   PART III

ГРАМАТИЧКЕ ВЕЖБЕ БРОЈ 2   GRAMMAR EXERCISES NO. 2

1. Tell the gender of the following adjectives:
   Брз, добро, лак, пажљива, рђаво, српскохрватска, граматички, даровито, последње, мали, богата, немарљив.

2. Determine the stem of the following adjectives:
   Брз, добар, лак, пажљив, рђав, лош, богат, последњи, српскохрватски, граматички, мали.

3. Tell the feminine and neuter gender of the following adjectives:
   Брз, добар, пажљив, лак, рђав, лош, последњи, српскохрватски, богат, мали.

4. Tell the definite form of the following adjectives:
   Брз, добар, пажљив, лак, рђав, лош, богат, даровит.

5. Give the nominative plural for all three genders of the following adjectives:
   Брз, добар, лак, пажљив, рђав, српскохрватски, даровит, последњи, мали, граматички, велик.

6. Give the nominative plural of the following nouns:
   Американац, борац, сиромах, Хрват, капетан.

7. Choose the right word in parentheses:
   (Добар,Добра,Добро) ученик учи марљиво.
   (Добар,Добра,Добро) ученица учи марљиво.
   (Нов,Нова,Ново) перо је (добар,добра,добро).
   (Наш,Наша,Наше) школа је (велик,велика,велико).
   (Ваш,Ваша,Ваше) перо је (лош,лоша,лоше).
   (Он,Она,Оно) је даровит ученик.
   (Добри,Добре,Добра) ученици знају шта учитељ пита.
   (Марљиви,Марљиве,Марљива) ученице су (први,прве,прва), а (немарљиве,немарљиви,немарљива) (последњи,последње,последња).
   (Наши,Наше,Наша) лекције (је,су) (лаки,лаке,лака).
   Наши (речник,речници) су "богати".
   (Сиромах,Сиромаси) нису (богат,богати).
   Књиге су (нови,нове,нова).
   Бележнице нису (нови,нове,нова).
   (Наш,Наша,Наше) школа је (добар,добра,добро).
   Мајор је (виши,виша,више) официр.

ЧЕТВРТИ ДЕО

ШТИВО БРОЈ 2

PART IV

READING TEXT NO. 2

Ученици

Даровит, пажљив и марљив ученик је први ученик. Непажљив и немарљив ученик је последњи ученик.

Ученик, који је даровит и такође пажљив и марљив, увек је добар ученик. Ученик, који је пажљив и марљив, а није нарочито даровит, често је добар ученик. Даровит ученик, који је непажљив и немарљив, обично није добар ученик, а често је лош.

Даровити, пажљиви, марљиви ученици су увек добри ученици. Непажљиви, немарљиви ученици су често лоши ученици. Даровита, пажљива, марљива ученица је добра ученица. Непажљива, немарљива ученица је често лоша ученица.

Пажљив ученик увек зна шта наставник пита - он увек зна "последње питање".

Ученик, који није даровит, треба да учи више него ученик који је даровит.

ПЕТИ ДЕО

ПИТАЊА ИЗ ШТИВА БРОЈ 2

PART V

QUESTIONS ON TRANSLATION EXERCISE NO. 2

1. Који ученик је први?
2. Који ученик је последњи?
3. Који ученик је увек добар ученик?
4. Који ученик је често добар ученик?
5. Који ученик обично није добар ученик?
6. Који ученик је често лош ученик?
7. Који ученици су увек добри ученици?
8. Који ученици су често добри ученици?
9. Који ученици обично нису добри ученици?
10. Који ученици су често лоши ученици?
11. Која ученица је прва?
12. Која ученица је последња?
13. Која ученица је увек добра ученица?
14. Која ученица је често добра ученица?

15. Која ученица обично није добра ученица?
16. Која ученица је често лоша ученица?
17. Које ученице су увек добре ученице?
18. Које ученице обично нису добре ученице?
19. Шта пажљив ученик увек зна?
20. Ко треба да учи више него даровит ученик?

| ШЕСТИ ДЕО | PART VI |
| ВЕЖБА ИЗ ПРЕВОЂЕЊА БРОЈ 2 | TRANSLATION EXERCISE NO. 2 |

Students

Who has to study more: a talented student or a student who is not talented? That is a good question!

Both the talented student and the student who is not talented have to study, but the second ought to study more than the first. A talented (boy) student who does not study is not a good student. A talented girl student who does not study is not a good student. Talented (boy) students who do not study are not good students. Talented girl students who do not study are not good students.

A student who is not talented, but is attentive and studious, often is a good student. To be attentive and studious is always good.

| СЕДМИ ДЕО | PART VII |
| РЕЧНИК БРОЈ 2 | VOCABULARY NO. 2 |

127. а̀ко, conj.   — if
128. да̀ровит, adj., m.   — talented
     да̀ровита, f.
     да̀ровито, n.
129. ма̀рљив, adj., m.   — diligent, studious
     ма̀рљива, f.
     ма̀рљиво, n.
     ма̀рљиво, adv.   — diligently
130. и̏ли, conj.   — or

131.	пòслéдњӣ, adj.,m.	– last
	пòслѐдња, f.	
	пòслѐдњē, n.	
132.	гòспоѓица, f.	– miss (Miss)
133.	ỳченица, f.	– girl student (school /girl)
134.	тỳ, adv.	– there
135.	òна, pron.	– she
136.	вȅлик, adj.,m.	– big, large
	вȅлика, f.	
	вȅлико, n.	
137.	мȃлӣ, adj.,m.	– small, little
	мȃлā, f.	
	мȃлō, n.	
	мȁло, adv.	– little
138.	бòгат, adj.,m.	– rich, wealthy
	бòгата, f.	
	бòгато, n.	
	бòгато, adv.	– richly
139.	прилично, adv.	– fairly; rather
140.	òно, pron.,n.	– it
141.	немȁрљив, adj.,m.	– negligent
	немȁрљива, f.	
	немȁрљиво, n.	
	немȁрљиво, adv.	– negligently
142.	такòѓе, adv.	– also
143.	ỳвек, adv.	– always
144.	нȃрочито, adv.	– particularly
145.	чȅсто, adv.	– often
146.	òбично, adv.	– usually
147.	трȅба да	– ought to, have to
*10.	вѝше, adv.	– more
*53.	нȅго, conj.	– than

DAILY UNIT III

ПРВИ ДЕО PART III
ДИЈАЛОГ БРОЈ 3 DIALOGUE NO. 3

      Породица   Family

1. Наставник: Како сте?
    Ученик: Хвала, добро сам.

   1. Instructor: How are you?
      Student: Thank you, I am well (all right).

2. Наст: Како је госпођа Браун? (Како је ваша госпођа (ваша жена)?
    Уч: Она је доста добро.

   2. Instr: How is Mrs. Brown? (How is your wife?)
      St: She is fairly well.

3. Наст: А да ли су ваше ћерке добро?
    Уч: Јесу; и оне су добро.

   3. Instr: And are your daughters well?
      St: They are; they, too, are well.

4. Наст: Госпођица Мара је врло добра девојчица.
    Уч: Она је већ велика девојка.

   4. Instr: Miss Mary is a very good little girl.
      St: She is already a big girl.

5. Наст: Шта раде ваши синови?
    Уч: Они уче, нарочито Џон.

   5. Instr: What are your sons doing?
      St: They study, particularly John.

6. Наст: Он је врло добар младић. А мали Петар?

   Уч: Он не ради довољно, али је и он добар дечак.

7. Наст: Значи да сте ви и ваша породица доста добро.

   Уч: Јесмо, добро смо. А да ли сте и ви добро?

8. Наст: Јесам, добро сам и ја. Него, како учење?

   Уч: Знате, штиво је данас доста тешко.

9. Наст: Знам да оно није лако.

   Уч: Али штива број један и број два нису тешка.

10. Наст: Да, она су доста лака.

    Уч: И дијалог је данас лак.

11. Наст: Да, и он је лак.

    Уч: Ни граматичка вежба данас није тешка.

12. Наст: Није ни она тешка.

    Уч: Није.

6. Instr: He is a very good young man. And (the) little Peter?
   St: He does not work enough, but he, too, is a good little boy.

7. Instr: That means that you and your family are fairly well.
   St: We are, we are well. And are you well too?

8. Instr: I am, I am well too. But how's the studying?
   St: You know, the reading text is rather difficult today.

9. Instr: I know that it is not easy.
   St: But the reading texts number one and number two are not difficult.

10. Instr: Yes, they are fairly easy.
    St: The dialogue, too, is easy today.

11. Instr: Yes, it is easy too.
    St: Nor is the grammar exercise difficult today.

12. Instr: It is not difficult either.
    St: It isn't.

ДРУГИ ДЕО

ГРАМАТИЧКА АНАЛИЗА БРОЈ 3

PART II

GRAMMAR ANALYSIS NO. 3

PAR. 18 - FIRST, SECOND AND THIRD PERSON

In grammar the term **first person** means the person speaking (I, we); the **second person** is the person spoken to (you); the **third person** is the person spoken about (he, she, it, they).

PAR. 19 - PRONOUNS

Pronouns are words which are used to replace nouns.

(4) Госпођица Мара је врло добра девојчица. Она је већ велика девојка.
(6) А мали Петар? Он не ради довољно, али је и он добар дечак.

NOTE: Serbo-Croatian pronouns have seven cases.

PAR. 20 - PERSONAL PRONOUNS

1. The Serbo-Croatian personal pronouns in their fundamental form (the nominative) are:

1. Ја   - I   Ми   - We
2. Ти   - You (thou)   Ви   - You
3. Он, m. - He   Они, m. - They
   Она, f. - She   Оне, f. - They
   Оно, n. - It   Она, n. - They

2. (6) Он је врло добар младић.
   (4) Она је већ велика девојка.
   (9) Оно није лако.
   (5) Они уче, нарочито Џон.
   (3) Јесу, и оне су добро.
   (10) Да, она су доста лака.

Serbo-Croatian has different forms for all genders not only in the singular third person (он, она, оно) but also in the plural third person (они, оне, она).

3. (11) Да, и он је лак.
   (12) Није ни она тешка.
   (9) Знам да оно није лако.

The English pronoun "**it**" may be rendered into Serbo-Croatian by "он" (дијалог - он), "она" (граматичка вежба - она) or "оно" (штиво - оно) according to the gender of the noun to which the "it" refers.

The same is true for the English pronoun "they":

Ово су речници; они су моји.
These are dictionaries; they are mine.
Ово су књиге; оне су ваше.
These are books; they are yours.
Ово су пера; она су негова.
These are pens; they are his.

4. (1) Хвала, добро сам.
   (8) Јесам, добро сам и ја.

As subjects of verbs, personal pronouns are usually omitted in Serbo-Croatian. But if the speaker wants to emphasize the subject, he uses the pronoun.

5. The second person singular "ти" is used in Serbo-Croatian only between relatives and intimate friends of about the same age; therefore its use is to be avoided by foreigners.

PAR. 21 - VERBS

(2) Она је доста добро.
(6) Он не ради довољно, али је и он добар дечак.
    Ми учимо српскохрватски језик.
    We are studying the Serbo-Croatian language.

The words "је", "ради" and "учимо" are verbs. A verb is a word which expresses an action (ради, учимо) or state (је доста добро); by it we say that people do things, or that people or things are something or other.

PAR. 22 - THE INFINITIVE OF VERBS

The infinitive is an impersonal form of the verb which does not indicate time, number, or attitude. It is the form by which verbs are listed in dictionaries.

The following underlined verb forms are infinitives:
He wants to go.
He learned to swim.
We cannot leave.
To invite so many people is foolish.

In English the infinitive usually has "to" in front of it and in Serbo-Croatian it is characterized by the infinitive ending. Most Serbo-Croatian verbs end in "-ти" and the rest end in "-ћи".

учити, v.   - to study
ићи, v.   - to go

NOTE: Verbs are listed in all dictionaries and in the vocabularies of these lessons in the infinitive form. With each infinitive in these vocabularies, the following information will be given: the present tense; the active past participle (if irregular); whether it is transitive (t.) or intransitive (i.); whether it is reflexive (r.); and whether it is perfective (pfv.) or imperfective (ipfv.). The significance of these terms will be dealt with later.

PAR. 23 - PRESENT TENSE OF VERBS

The following examples show varieties of the present tense in English:

```
I study          - Ја учим
I am studying    - Ја учим
I do study       - Ја учим ("Ја" must be stressed)
Do I study?      - Учим ли ја?
```

Note that in Serbo-Croatian only one form of the present tense is used to translate the four English types.

PAR. 24 - AUXILIARY VERB "БИТИ"

The verb "бити" (to be) has two functions in Serbo-Croatian. It is used:
  (a) In its literal meaning and
  (b) As an auxiliary verb

"Бити" as an auxiliary verb corresponds to the English auxiliary verbs "to be" and "to have" (as in: I have worked, I had worked, I was working, He is gone, etc.).

PAR. 25 - PRESENT TENSE OF THE AUXILIARY VERB "БИТИ"

1. (8) <u>Јесам</u>, добро <u>сам</u> и ја.
       <u>Јеси</u> ли добро?
       Are you well?
   (11) Да, и он <u>је</u> лак.
   (7) <u>Јесмо</u>, добро <u>смо</u>.
   (7) <u>Јесте</u> ли ви добро?
   (3) <u>Јесу</u>, и оне <u>су</u> добро.

The words "јесам", "јеси", "је", "јесмо", "јесте" and "јесу" are forms of the present tense of the auxiliary verb "бити".

The verb "бити" has two forms in the present tense: a full and a short form.

(a) <u>Full form</u>:
```
1. (Ја)  јесам  - I am     (Ми)  јесмо - We are
2. (Ти)  јеси   - You are  (Ви)  јесте - You are
3. (Он)  је     - He is    (Они) јесу  - They are
   (Она) је     - She is   (Оне) јесу  - They are
   (Оно) је     - It is    (Она) јесу  - They are
```

57

Full forms are used only in questions and short affirmative answers. The full form for the third person singular is the same as the short form (je). There exists a longer form but is is used only in affirmative short answers referring to the third person singular and as an adverb meaning "yes" (see Par. 35)

(b) <u>Short form</u>:
1. Ја сам · Ми смо
2. Ти си Ви сте
3. Он, она, оно је Они, оне, она су

Short forms (enclitic forms) are never stressed. They may never stand at the beginning of a sentence.

ТРЕЋИ ДЕО — PART III

ГРАМАТИЧКЕ ВЕЖБЕ БРОЈ 3 — GRAMMAR EXERCISES NO. 3

Choose the right word in the parentheses:
(Ја,Ти,Он) сам официр.
(Ја,Ти,Он) си ученик.
(Ја,Ти,Он) је ученик.
(Ја,Ти,Он,Она) је ученица.
Ово је перо; (он,она,оно) је ново.
(Ми,Ви,Они) су војници.
(Ми,Ви,Они) смо борци.
(Ми,Ви,Они) сте учитељи.
(Ми,Ви,Они,Оне) су учитељице.
Ово је књига; (он,она,оно) је добра.
Ово је речник; (он,она,оно) није велик.
(Он,Она) је мој отац.
(Он,Она) је моја мајка.
(Он,Она) је његова баба.
(Он,Она) је његов дед.
(Они,Оне,Она) су моје ћерке.
Она (је,су) моја сестра.
Оне (је,су) моје сестре.
Ми (сам,смо) браћа.
Ви (си,сте) људи.
Они (је,су) Американци.
Ти (сте,си) младић.
Ви (сте,си) младић.
Ви (сте,си) младићи.
(Ја,Ти,Он) учим српскохрватски језик.
(Она,Ја,Ти) учи српскохрватски језик.
(Ти,Он,Ја) учиш српскохрватски језик.
(Ми,Ви,Они) учимо српскохрватски језик.
(Ми,Ви,Они) учите српскохрватски језик.
(Ми,Ви,Оне) уче српскохрватски језик.
Ово су оловке; (они,оне,она) нису (оштре,оштри,оштра).
Ви (си,сте) наш учитељ.
Она (је,су) моја жена.
Како сте? - (Сам,Ја сам) добро.
Како је ваш отац? - (Је добро, Добро је).

Јесу ли ово ваши родитељи? - (Су, Јесу).
Јесте ли ви сви ученици? - (Јесмо, Смо).
Јесу ли ово ваше књиге? - (Јесу, Су).

ЧЕТВРТИ ДЕО	PART IV
ШТИВО БРОЈ 3	READING TEXT NO. 3

Породица

Ја сам човек - он је мој син, а она је моја ћерка - шта сам ја? Ви сте њихов отац.

Ја сам жена - он је мој син, а она је моја ћерка - шта сам ја? Ви сте њихова мајка.

Ја сам човек - она је моја жена - шта сам ја? Ви сте њен муж.

Ја сам отац - он је моје дете - шта сам ја? Ви сте његов родитељ.

Ја сам отац и моје дете је отац - шта је његово дете? Ваш унук или ваша унука. А шта сам ја? Ви сте њихов дед. А шта је моја жена? Она је њихова баба. А шта су они? Они су брат и сестра.

Дед, баба, отац, мајка, син и ћерка су породица.

Ово је доста за данас.

ПЕТИ ДЕО	PART V
ПИТАЊА НА ШТИВО БРОЈ 3	QUESTIONS ON READING TEXT NO. 3

1. Ја сам човек. А шта је она?
2. Ја сам муж. А шта је она?
3. Ја сам отац. А шта је она?
4. Ја сам дед. А шта је она?
5. Ја сам родитељ. А шта је она?
6. Ја сам син. А шта је она?
7. Ја сам унук. А шта је она?
8. Ја сам брат. А шта је она?
9. Да ли је муж човек или жена?

10. Да ли је отац човек или жена?
11. Да ли је мајка човек или жена?
12. Да ли је дед човек или жена?
13. Да ли је баба човек или жена?
14. Да ли је син дечак или девојка?
15. Да ли је ћерка дечак или девојка?
16. Да ли је унук дечак или девојка?
17. Да ли је унука дечак или девојка?
18. Да ли је брат дечак или девојка?
19. Да ли је сестра дечак или девојка?
20. Шта је породица?

ШЕСТИ ДЕО

ВЕЖБА ИЗ ПРЕВОЂЕЊА БРОЈ 3

PART VI

TRANSLATION EXERCISE NO. 3

Our family

My wife, my son and my daughter are my family. My wife and I are parents. My son and my daughter are brother and sister. My father is their grandfather. My mother is their grandmother. My son is their grandson. My daughter is their granddaughter.

My son is my child. He is a young man. My daughter is also my child. She is a girl. My wife is Mrs. Brown. My daughter is Miss Brown. I am Mr. Brown.

My son and my daughter are very well. My wife and I are fairly well. My father and my mother are not so well.

СЕДМИ ДЕО

РЕЧНИК БРОЈ 3

PART VII

VOCABULARY NO. 3

Abbreviations:

gen. sing. — genitive singular
a.p.p. — active past participle

148. учење, n. — studying
149. госпођа, f. — Mrs., wife
150. жена, f. — woman; wife
151. доста, adv. — enough; fairly
152. ћерка, f. — daughter
153. оне, pron. pl. f. — they
154. девојчица, f. — little girl
155. већ, adv. — already

156. де̏во̀јка, f. — girl
157. ра́дити, v. t., & i., ipfv. — to work
    pr.t.: ра̂ди̏м, ра̀ди̏ш, ра̂ди
         ра̂ди̏мо, ра̂ди̏те, ра̂дē
158. си̏н, m. — son
    pl: си̏нови
159. младић, m. — young man
160. дѐча̏к, m. — boy
    pl: дѐча̏ци
161. по̀родица, f. — family
162. та̏ко, adv. — so
163. о̀на, pron.pl.n. — they
164. чо̏век, m. — man
    pl: љу̂ди
165. о̀тац, m. — father
    gen.sing о̀ца
    pl: о̀чеви
166. ма̏јка, f. — mother
167. ње̂н, pron., m. — her, hers.
    ње̂на, f.
    ње̂но, n.
168. му̂ж, m. — husband
    pl: му̏жеви
169. де́те, n. — child
    gen.sing дѐтета
    pl: дѐца, f., coll.
170. ро̀дитељ, m. — parent
171. у̀нук, m. — grandson
    pl: у̀нуци
172. у̀нука, f. — granddaughter
173. де̏д, m. — grandfather
    pl: де̏дови
174. ба̏ба, f. — grandmother
175. бра̏т, m. — brother
    pl: бра̀ћа, f., coll.
176. сѐстра, f. — sister

DAILY UNIT IV

ПРВИ ДЕО
ДИЈАЛОГ БРОЈ 4
Први час

PART I
DIALOGUE NO. 4
The first period

1. Наставник: Који је ово час?

   Ученик: Ово је први час.

1. Instructor: Which period is this?

   St: This is the first period.

2. Наст: Где су (господа) Браун и Смит?

   Уч: Господин Браун није здрав.

2. Instr: Where are (Messieurs) Brown and Smith?

   St: Mr. Brown is not healthy.

3. Наст: То се каже "Он је болестан".

   Уч: "Болестан" је нова реч.

3. Instr: That is said, "He is ill".

   St: "Болестан" is a new word.

4. Наст: А да ли знате шта значи "здраво"?

   Уч: Не знам.

4. Instr: And do you know what "здраво" means?

   St: I do not know.

5. Наст: Ко зна шта то значи? (Који ученик зна шта то значи?).

   Уч: Ми то не знамо.

5. Instr: Who knows what that means? (Which student knows what that means?)

   St: We do not know that.

6. Наст: То значи "hello".

   Уч: Каже се "добар дан" или "здраво".

6. Instr: That means "hello".

   St: One says "good day" or "hello".

7. Наст: Тако је. А где је Смит?

   Уч: Он није болестан, али не знамо где је сад.

7. Instr: That is right. ("that is so"). And where is Smith?

   St: He is not ill, but we do not know where he is now.

8. Наст: Чије је оно место?

   Уч: Оно је његово место.

8. Instr: Whose place is that over there?

   St: That (over there) is his place.

9. Наст: Да ли је задатак за данас тежак?

   Уч: Тежак је као обично.

10. Наст: Није тако много.

    Уч: Није, али су нове речи тешке.

11. Наст: Колико ви учите?

    Уч: Ја учим један час на дан.

12. Наст: Ви не учите довољно. Треба да учите више.

    Уч: Колико? Два, три, четири......

13. Наст: Два или три, кад је задатак лак.

    Уч: А четири кад је тежак?

14. Наст: Да ли знате каква и колика је друга лекција?

    Уч: Још не знамо.

9. Instr: Is the assignment for today difficult?

   St: It is as difficult as usual.

10. Instr: It isn't so much.

    St: It isn't, but the new words are difficult.

11. Instr: How much do you study?

    St: I study one hour a day ("per" day).

12. Instr: You do not study enough. You ought to study more.

    St: How much? Two, three, four.....

13. Instr: Two or three, when the assignment is easy.

    St: And four when it is difficult?

14. Instr: Do you know what kind and how big the second lesson is?
    St: We do not know yet.

ДРУГИ ДЕО

PART II

ГРАМАТИЧКА АНАЛИЗА БРОЈ 4

GRAMMAR ANALYSIS NO. 4

PAR. 26 - INTERROGATIVE PRONOUNS

   1.-(5) Ко зна шта то значи?
      (5) Шта то значи?

"Ко" (who) and "што" or "шта" (what) are interrogative pronouns which are used for indefinite questions. "Ко" is used for persons and "шта" is used for things:

   Ко говори?   - Who is talking?
   Шта је то?   - What is that?

"Ко" and "шта" are the only two independent interrogative pronouns, that is, they do not modify nouns. They have only singular forms and are declined as adjectives of definite form (the stem of "ко" is "к-" and the stem of "што" is "ч-").

To ask about someone's name or title:
Ко је он?   - Who is he?
To ask about someone's profession or social position:
Шта је он?   - What is he?

   2.-(1) Који је ово час?
      (8) Чије је оно место?
     (14) Каква и колика је друга лекција?

"Који", "чије", "каква", "колика", are also interrogative pronouns. They have all the characteristics of adjectives, that is, they have all three genders, seven cases in both numbers (singular and plural), they modify nouns and must agree with the noun they modify in gender, number and case, and their cases are formed by means of the same endings as adjectives (definite form). In their fundamental form they read:

   Који,m., која,f., које,n.   - Which, (what)
   Чији,m., чија,f., чије,n.   - Whose
   Какав (каки), m., каква (кака),f., какво (како),n. - What
                              kind of, what sort of
   Колики,m., колика,f., колико,n. - Of what size, how big
                                (large, tall)

"Који, која, које" are used for definite questions for both animate beings and things:

   (5) Који ученик зна шта то значи?

NOTE: These and other pronouns with characteristics of adjectives are called adjectival pronouns.

PAR. 27 - THE SENTENCE

A sentence is a group of words expressing a complete thought. It begins with a capital letter and is followed by

either a period, a comma, an interrogative or an exclamation mark.
    Every sentence has a subject (1) and a predicate (2):

            1   2
  (5) Ми   не знамо   то.
The subject is not always expressed but may be understood:
  (9) Да ли је задатак за данас тежак? - Тежак је као обично.

PAR. 28 - THE SUBJECT

  (2) Господин Браун није здрав.
  (5) Ми то не знамо.
 (10) Није, али су нове речи тешке.

    The subject in a sentence is that about which (господин Браун, ми, нове речи) we are talking.
    It is most often a noun (господин Браун, нове речи) or pronoun (ми) (in its nominative case).
    The subject may consist of either one (ми) or more words (господин Браун, нове речи). In the first case it is called a simple subject and in the second a complete subject.
    To find the subject of a sentence we must ask the question "Ко?" or "Шта?" before the predicate.

PAR. 29 - THE PREDICATE

  (4) (Ја) Не знам.
 (12) Ви не учите довољно.

    The predicate of a sentence is the part which asserts something about the subject (не знам, учите довољно). It tells us what the subject is or does. The predicate which consists of only one word (знам) is called a simple predicate and the predicate which consists of more than one word (учите довољно) is called a complete predicate.
    The predicate of a simple or a complete subject agrees with the subject in person and number.

PAR. 30 - THE SIMPLE SENTENCE

  (5) Ми не знамо то.

    A sentence which contains only a subject and a predicate, that is, only one independent clause is called a simple sentence. A clause is independent when it expresses a complete thought without the help of another clause.

PAR. 31 - KINDS OF SENTENCES

    A sentence may be declarative (Par. 32), interrogative (Par. 35) or imperative (Par. 191 & 192).

PAR. 32 - DECLARATIVE SENTENCES

1. Марљив ученик учи много.
   A diligent student studies much.

In the sentence above we made a statement about the subject; we used a declarative sentence. Declarative sentences may be either affirmative or negative.

2. -(2) Господин Браун је здрав.
   (2) Господин Браун није здрав.

A sentence is made negative by making the verb negative. The present tense of the verb "бити" is made negative by prefixing to its short forms the negative particle "ни":

1. (Ја) нисам   - I am not   (Ми) нисмо   - We are not
2. (Ти) ниси   - You are not   (Ви) нисте   - You are not
3. (Он) није   - He is not   (Они) нису   - They are not
   (Она) није   - She is not   (Оне) нису   - They are not
   (Оно) није   - It is not   (Она) нису   - They are not

-The above negative forms are not enclitics.

All other verbs are made negative by placing in front of them the negative particle "не" (not), which is written separately:

(5) Ми то не знамо.
(12) Ви не учите довољно.
(14) Још не знамо.

NOTE: (a) The negative particle "не" must always precede the verb immediately.
(b) There are only two verbs the present tense of which is made negative by prefixing to their affirmative forms the negative particle "не". They are "имати" (to have) and "хтети" (to want, to be willing):

1. (Ја) немам   - I do not have
2. (Ти) немаш   - You do not have
3. (Он) нема   - He does not have
   (Она) нема   - She does not have
   (Оно) нема   - It does not have

   (Ми) немамо   - We do not have
   (Ви) немате   - You do not have
   (Они) немају   - They do not have
   (Оне) немају   - They do not have
   (Она) немају   - They do not have

(c) The verb "хтети" will be explained later.
(d) In Serbo-Croatian, two or more negative words in a negative sentence are not only possible but may be required:
   Ја не знам ништа.
   I do not know anything (nothing).

ТРЕЋИ ДЕО   PART III

ГРАМАТИЧКЕ ВЕЖБЕ БРОЈ 4   GRAMMAR EXERCISES NO. 4

Choose the right word in the parentheses:
- (Ко,Шта) чита штиво?
- (Ко,Шта) пита господин учитељ?
- (Ко,Шта) зна питање?
- (Ко,Шта) учите?
- (Који,Које,Која,Шта) језик учите?
- (Који,Које,Која,Шта) књига је ваша?
- (Који,Које,Која,Шта) перо је ваше?
- (Чији,Чија,Чије) је ово речник?
- (Чији,Чија,Чије) је ово књига?
- (Чији,Чија,Чије) је ово перо?
- (Какав,Каква,Какво) је он човек?
- (Какав,Каква,Какво) је она жена?
- (Какав,Каква,Какво) је ваше перо?
- (Колики,Колика,Колико) је ваш син?
- (Колики,Колика,Колико) је ваша ћерка?
- (Колики,Колика,Колико) је ваше дете?
- (Који,Које,Која) речници су ваши?
- (Који,Које,Која) пера су добра?
- (Чији,Чије,Чија) су ово речници?
- (Чији,Чије,Чија) су ово пера?
- (Какви,Какве,Каква) су они људи?
- (Какви,Какве,Каква) су оне жене?
- (Какви,Какве,Каква) су ваша пера?
- (Колики,Колике,Колика) су ваши синови?
- (Колики,Колике,Колика) су ваше ћерке.
- (Колики,Колике,Колика) су штива?
- (Који,Које,Ко) дете је ваш син?
- (Који,Које,Ко) господин је ваш учитељ?
- (Који,Која,Ко) госпођа је његова жена?
- (Ко,Који,Која) човек је ваш отац?
- (Ко,Који,Која) жена је њена мајка?
- (Чија,Чији,Чије) жена је ваша баба?
- (Чији,Чија,Чије) муж је ваш дед?
- (Чији,Чија,Чије) сте син ви?
- (Чији,Чија,Чије) унук сте ви?
- (Чији,Чија,Чије) унука је она?
- (Који,Која,Које) оловка је ваша?
- (Чији,Чија,Чије) је то оловка?
- (Ко,Шта) сте ви? - Ја сам Петар Петровић.
- (Ко,Шта) сте ви? - Ја сам официр.
- (Ко,Шта) је ваш командант? - Мој командант је пуковник господин Смит.
- (Ко,Шта) је ваш командант? - Мој командант је пуковник.
- (Какав,Каква,Какво) је ваша књига?
- (Који,Ко) господин је њен муж?
- (Ко,Који) је ваш учитељ?

ЧЕТВРТИ ДЕО

ШТИВО БРОЈ 4

PART IV

READING TEXT NO. 4

Учионица

Учионица је соба где ученици уче. Учионица има врата и има прозор. Она такође има светло.

Креда и табла служе за писање. Гума служи за брисање.

Сто служи за књиге и за бележнице. Сто такође служи за писање. Столице служе за седење. Сто не служи за седење.

Књиге служе за читање, а бележнице за писање.

Наша учионица је велика соба. Ми ту учимо. Наша табла је црна, а креда је бела. Папир за писање такође је бео. Сто је жут. И столица је жута.

ПЕТИ ДЕО

ПИТАЊА ИЗ ШТИВА БРОЈ 4

1. Шта је учионица?
2. Шта има учионица?
3. За шта служи креда?
4. За шта служи табла?
5. За шта служи гума?
6. За шта служи сто?
7. За шта служи столица?
8. За шта служи књига?

9. За шта служи бележница?
10. Колика соба је наша учионица?
11. Шта је црно?
12. Шта је бело?
13. Шта је жуто?
14. Да ли сто служи за седење?
15. Да ли је наша табла бела?
16. Да ли је наша креда црна?
17. Да ли је наш папир црн?
18. Да ли су столице беле?
19. Да ли је сто црн?
20. Да ли је светло бело или црно?

ШЕСТИ ДЕО   PART VI

ВЕЖБА ИЗ ПРЕВОЂЕЊА БРОЈ 4   TRANSLATION EXERCISE NO. 4

The first period

This is the first period. Today, Brown is not here. He is ill. Smith is not here either, but he is not ill, and we do not know where he is.

Today, we have new words which are difficult. "Здрав" means "healthy", but "здраво" means "hello" in English.

I study only one hour a day, but that is not enough. I ought to study three or four, particularly when the assignment is difficult. Bell studies much more than I. He is the best student. The other students also study much.

СЕДМИ ДЕО   PART VII

РЕЧНИК БРОЈ 4   VOCABULARY NO. 4

Abbreviations:
- pl.t. — pluralia tantum (plural only)
- v.t. — verb, transitive
- v.i. — verb, intransitive
- v.ipfv. — verb, imperfective
- v.pfv. — verb, perfective
- interj. — interjection

177. гдѐ, adv. — where
178. здра̑в, adj., m. — healthy
    здра̏ва, f.
    здра̏во, n.

179.	здра̏во, interj.	– hello
180.	бо̏лестан, adj.,m.	– ill
	бо̏лесна, f.	
	бо̏лесно, n.	
181.	но̏в, adj.,m.	– new
	но̏ва, f.	
	но̏во, n.	
	но̏во, adv.	– newly
182.	ре̑ч, f., gen.sing: ре̑чи	– word
183.	ме̏сто, n.	– place, seat
184.	зада́так, m., gen.sing: зада́тка	– assignment
	pl: зада́ци	
185.	мно̏го, adv.	– much
*105.	ча̏с, m.	– hour
*116.	на, prep.	– per
186.	три̑, card.num.	– three
187.	че̏тири, card.num.	– four
188.	ка̀кав, pron.,m.	– (of) what kind (sort)
	ка̀ква, f.	
	ка̀кво, n.	
189.	ко̀лики, pron.,m.	– how big (large, tall)
	ко̀лика, f.	(of) what size
	ко̀лико, n.	
190.	ко̀лико, adv.	– how much, how many
191.	учио̀ница, f.	– classroom
192.	со̏ба, f.	– room
193.	вра́та, pl.t.,n.	– door
194.	про̀зор, m.	– window
195.	све̏тло, n.	– light
196.	кре́да, f.	– chalk
197.	та̏бла, f.	– blackboard
198.	слу́жити, v.,t., ipfv.	– to serve
	pr.t.: слу̑жим,слу̑жиш,слу̑жи	
	слу̑жимо,слу̑жите,слу̑же	
199.	послу́жити, v.,t., pfv.	– to serve
	pr.t.: по̀слу̑жим, по̀слу̑жиш	
	по̀слу̑жи, по̀слу̑жимо	
	по̀слу̑жите, по̀слу̑же	
200.	бри́са̄ње, n.	– erasing, wiping
201.	сто̀лица, f.	– chair
202.	се̏де̄ње, n.	– sitting
203.	сто̑, m., gen.sing: стола	– table, desk
	pl: столови	
204.	цр̑н, adj.,m.	– black
	цр̑на, f.	
	цр̑но, n.	
	цр̑но, adv.	– black
205.	бе̑о, adj.,m.	– white
	бе́ла, f.	
	бе́ло, n.	
	бе́ло, adv.	– white
206.	жу̑т, adj.,m.	– yellow
	жу́та, f.	
	жу́то, n.	
	жу́то, adv.	– yellow

LESSON II

DAILY UNIT I

ПРВИ ДЕО   PART I
ДИЈАЛОГ БРОЈ 1   DIALOGUE NO. 1

Напредак   Progress

1. Наставник: Ко зна шта значи   1. Instructor: Who knows what
   реч "напредовати"?   the word "напредовати" means?

   Ученик: Да ли је то "to pro-   Student: Is that "to progress"?
   gress"?

2. Наст: Јест(е). А шта значи   2. Instr: It is. And what does
   "напредак"?   "напредак" mean?

   Уч: Да ли то значи (значи ли   St: Does that mean "progress"?
   то) "progress"?

3. Наст: И то је тачно. Ви сте   3. Instr: That, too, is correct.
   добар ђак.   You are a good pupil.

   Уч: Јесам ли збиља?   St: Am I really.

4. Наст: Да, ви напредујете   4. Instr: Yes, you are progress-
   врло лепо.   ing very nicely.

   Уч: Каква је ученица госпо-   St: What kind of a student
   ђица Марић?   is Miss Marić?

5. Наст: Она ради још више него   5. Instr: She works even more
   ви.   than you.

   Уч: А да ли је она довољно   St: Is she attentive
   пажљива?   enough?

6. Наст: А шта мислите, да ли сте ви пажљиви?

   Уч: Ја мислим да јесам.

7. Наст: Јест, ви сте пажљив ученик.

   Уч: Колики је мој напредак?

8. Наст: За тако кратко време ваш напредак је збиља велик.

   Уч: Који други ђаци напредују?

9. Наст: Цео ваш разред напредује.

   Уч: Знам, али чији напредак је нарочито велик?

10. Наст: Госпођица Марић је прва, а ви сте други.

    Уч: Хвала, за сад сам задовољан, али треба још много да радим.

11. Наст: Нисте ли сасвим задовољни?

    Уч: Нисам сасвим задовољан, јер сам још увек други.

6. Instr: And <u>what</u> do you think, <u>are you attentive</u>?

   St: <u>I think that I am</u>.

7. Instr: <u>Yes</u>, you are an attentive student.

   St: <u>How great</u> is my progress?

8. Instr: For such a short time your progress is really great.

   St: <u>Which</u> other pupils are progressing?

9. Instr: Your entire class is progressing.

   St: I know, but <u>whose</u> progress is particularly great?

10. Instr: Miss Marić is first and you are second.

    St: Thank you. For the time being I am content, but I still have to work a lot ("much").

11. Instr: <u>Aren't you</u> quite satisfied?

    St: I am not quite satisfied, because I am still second.

Тако је то, кад човек не зна граматику.

ДРУГИ ДЕО PART II
ГРАМАТИЧКА АНАЛИЗА БРОЈ 1 GRAMMAR ANALYSIS NO. 1

PAR. 33. - THE PREDICATE NOMINATIVE AND THE PREDICATE ADJECTIVE

(3) Ви <u>сте</u> добар ђак.
(5) А да ли <u>је</u> она довољно пажљива?

A frequent construction in Serbo-Croatian is:

Subject	+	verb	+	noun:
Ви	+	сте	+	ђак or:
Subject	+	verb	+	adjective:
Ви	+	сте	+	добар

The noun or adjective occupying the last place in this pattern is called predicate nominative (ђак) or predicate adjective (добар). The predicate nominative or adjective always agrees with the subject in case and in gender and number whenever it is possible.

PAR. 34 - WORD ORDER

(4) Да, ви напредујете врло добро.
(6) Ја мислим да јесам.

The usual order of words in affirmative and negative declarative sentences in Serbo-Croatian is similar to the order of words in English: first the subject (ви, ја), second the predicate (напредујете, мислим) and afterwards all other parts of the sentence (врло добро).
The most important place in a sentence is the first and then the last. Therefore, when we want to point out a word in a sentence we put it at the beginning of the sentence. Consequently not only the subject, but either the predicate or the object may stay at the beginning of a sentence.

PAR. 35 - INTERROGATIVE SENTENCES

1. - (2) <u>Да ли</u> то значи "the progress"?
    (2) Значи <u>ли</u> то "the progress"?
    (3) Јесам <u>ли</u> збиља?
    (5) А <u>да ли</u> је она довољно пажљива?

Interrogative sentences are formed by making the verb interrogative. A verb is made interrogative by means of interrogative particles "ли" and "да ли":
    (a) Questions made by means of the interrogative particle "ли" have the following word order:

```
          Verb   +   particle   +   subject (if expressed):
   (2)    Значи  +   ли         +   то?
```

When we form questions by using the particle "ли" the long forms of the verb "бити" must be used.

(3) Јесам ли збиља?

NOTE: The "ли" is an enclitic and may never begin a sentence.
The "јест(е)" is a special long form for the third person singular which is used:
-In short answers referring to the third person singular:
(1)   Да ли је то "to progress"? Јест(е).
-As an affirmative adverb meaning "yes":
(7)   Јест, ви сте пажљив ученик.

(b) Affirmative statements which include any verb, except "бити", may be made interrogative by placing the particles "да ли" in front of them. Consequently, the word order in such questions is the following:

```
          Particles  +  subject (if mentioned)  +  verb
   (2)    Да ли      +  то                      +  значи "the pro-
                                                        gress"?
          Да ли      +  ви                      +  знате ко је он?
          Do            you                        know who he is?
```

Affirmative statements which include a form of "бити" may be made interrogative by placing the particles "да ли" in front of them and by placing the subject after the verb:

```
          Particles  +  verb  +  subject (if mentioned)
   (5)    Да ли      +  је    +  она довољно пажљива?
   (6)    Да ли      +  сте   +  ви пажљиви?
```

In questions which are formed by using the particles "да ли" the short forms of "бити" must be used.

2. - (1) Ко зна шта значи реч "напредовати"?
     (6) Шта мислите, да ли сте ви пажљиви?
     (8) Који други ђаци напредују?
     (4) Каква је ученица госпођица Марић?
     (7) Колики је мој напредак?
     (9) Чији напредак је нарочито велик?

Interrogative sentences may be introduced by interrogative pronouns (Par. 26).

PAR. 36 - INTERROGATIVE NEGATIVE SENTENCES

   1. - (11) Нисте ли сасвим задовољни?
           Није ли он наш учитељ?
           Isn't he our teacher?

    An interrogative sentence which contains a form of the verb "бити" is made negative by using the negative form of "бити".

   2.   Не значи ли то "to progress"?
           Да ли не значи то "to progress"?
           Doesn't it mean "to progress"?

    An interrogative sentence containing any verb but "бити" is made interrogative negative by placing the negative particle "не" before the verb.

PAR. 37 - THE LONG PLURAL OF MASCULINE NOUNS

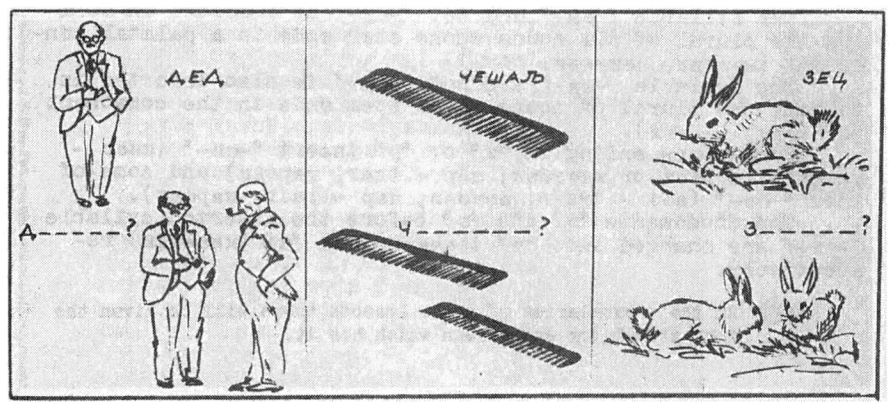

   1. - Они су наши дедови, а ми смо њихови унуци.
       They are our grandfathers and we are their grandsons.
       Наши мужеви су официри.
       Our husbands are officers.

    Some masculine nouns form the plural by adding the syllable "-ов-" or "-ев-" and then the plural ending ("дедови, мужеви"). Plurals obtained in this way are called long plurals. The inserted syllable "-ов-" or "-ев-" is retained in all cases of the plural.

   2.- Наши синови су војници.
      Our sons are soldiers.
      Који су ово бројеви?
      What numbers are these?

    Most masculine nouns of one syllable (син, број) have long plurals (синови, бројеви).

3. — Ово су чешљеви.
   These are <u>combs</u>.

Some masculine nouns of two syllables (чешаљ) have long plurals (чешљеви).
Masculine nouns of two syllables (чешаљ, ветар — wind, etc.) which have a long plural usually have a movable "a" in the nominative singular.
Masculine nouns which do not have a movable "a" usually have a regular plural and some have both the regular and the long plural (голуб — pigeon; nom.pl. голуби, or голубови).

NOTE: No noun of more than two syllables has a long plural.

4. — Где су ваши мужеви?
   Where are your <u>husbands</u>?
   Чији су ово чешљеви?
   Whose are these <u>combs</u>?

The syllable "-ев-" and not "-ов-" is inserted in forming the plural of all nouns whose stem ends in a palatal consonant (мужеви, чешљеви, etc.).
The syllable "-ев-" and not "-ов-" is also inserted in forming the plural of nouns whose stem ends in the consonant "ц" (зец, зечеви).
Some nouns ending in "з" or "р" insert "-ев-" (кнез — knight, кнежеви or кнезови; цар — tzar, цареви) and some of them "-ов-" (воз — train, возови; пар — pair, парови).
The consonants "ц" and "з" before the inserted syllable "-ев-" are changed into "ч" (зечеви) and "ж" (кнежеви) respectively.

NOTE: In the vocabularies of these lessons there will be given the long plural for every noun which has it.

ТРЕЋИ ДЕО   PART III

ГРАМАТИЧКЕ ВЕЖБЕ БРОЈ 1   GRAMMAR EXERCISES NO. 1

1. — Make the following sentences interrogative:
   (a) Using the interrogative particles "ли" and "да ли":
   Ја сам десетар.
   Ти си млађи водник.
   Он је водник.
   Ми смо војници.
   Ви сте подофицири.
   Они су официри.
   Она је ученица.
   Оне су ученице.
   Учитељ пита ученика.
   Ученик одговара.

Петар учи много.
Отац пита.
Син одговара.
Ти имаш добро перо.
Мајка говори.
Ћерка слуша.

2. — Make proper questions for the following statements by using all interrogative pronouns in the parentheses:
Наш учитељ је Србин (Чији,Шта,Ко).
Ваш учитељ је Хрват (Чији,Шта,Ко).
Твој капут је нов (Чији,Какав).
Мој брат је велик (Колики,Ко,Чији).
Креда је бела (Шта).
Табла је црна (Шта).
Дан је леп (Шта,Какав).
Пеђа је леп младић (Ко).
Пеђа је добар младић (Ко,Какав).

3. — Make the following sentences interrogative negative:
Јесте ли ви наш учитељ?
Је ли она ваша сестра?
Јесте ли ви ученици?
Јесмо ли ми браћа?
Јесу ли оне ученице?
Јесам ли ја марљив?
Говорите ли ви српскохрватски?
Слушате ли ви пажљиво?
Имате ли ви перо?

4. — Put into the right form the words in the parentheses:
(Голуб) су бели.
Где су (чешаљ)?
Њихови (син) су моји ученици.
Који су ово (број)?
(Зец) су брзи.
(Воз) су такође брзи.
Њихови (муж) су војници.
Наши (час) су тешки.

ЧЕТВРТИ ДЕО   PART IV

ШТИВО БРОЈ 1   READING TEXT NO. 1

Рад

Кад ученици раде довољно, они знају лекције и лепо напредују. Ако ученик не ради довољно, он не зна лекције и не напредује. Кад ученици уче, они треба да мисле на оно што уче. Ако ученик не мисли на оно што учи, он ништа не научи.

Кад наставник говори, ученици треба да слушају пажљиво. Ако ученик не слуша кад наставник говори, он не зна како да одговара на питања. Ако ученик не разуме шта наставник говори, он треба да пита. Ако наставник говори сувише брзо, ученик треба да каже: "Не разумем, јер говорите сувише брзо". Кад наставник говори полако, ученици лепо разумеју. Кад ученик одговара, и он треба да говори полако.

ПЕТИ ДЕО	PART V
ПИТАЊА ИЗ ШТИВА БРОЈ 1	QUESTIONS ON READING TEXT NO. 1

1. Кад ученици знају лекције?
2. Кад ученици лепо напредују?
3. Кад ученик не зна лекције?
4. Кад ученик не напредује?
5. На шта ученици треба да мисле кад уче?
6. Шта треба да ради ученик кад учи?
7. Зашто ученик треба да мисли на оно што учи?
8. Шта треба ученици да раде кад наставник говори?
9. Зашто треба ученик да слуша пажљиво кад наставник говори?
10. Шта треба ученик да ради ако не разуме шта наставник говори?
11. Шта треба ученик да каже ако наставник говори сувише брзо?
12. Кад ученици разумеју?
13. Кад ученици не разумеју?
14. Како треба наставник да говори?
15. Како треба ученик да одговара?
16. Зашто треба наставник да говори полако?
17. Зашто треба ученици да одговарају полако?

ШЕСТИ ДЕО	PART VI
ВЕЖБА ИЗ ПРЕВОЂЕЊА БРОЈ 1	TRANSLATION EXERCISE NO. 1

<u>The first student</u>

Our instructor says that our entire class is progressing nicely. I work a lot, but I am still not first. I am second. I am content for the time being, but not entirely satisfied.

To be the first student is really difficult. It is not enough to be attentive. I always listen attentively when the instructor speaks. That is good, but not enough. I have to work much more than I am working now.

To work too much is not so good either. To progress slowly, but to progress always is not bad.

СЕДМИ ДЕО   PART VII

РЕЧНИК БРОЈ 1   VOCABULARY NO. 1

207. нàпредак, m., gen.sing. нàпретка — progress
     pl: нàпреци
208. нàпредовати, v., i., ipfv.   — to progress
     pr.t: нàпредујēм, нàпредујēш,
          нàпредујē, нàпредујēмо,
          нàпредујēте, нàпредујӯ
209. тàчан, adj., m.   — correct
     тàчна, f.
     тàчно, n.
     тàчно, adv.   — correctly
210. збиља, adv.   — really
211. лēп, adj., m.   — nice
     лéпа, f.
     лéпо, n.
     лēпо, adv.   — nicely
212. мòжда, adv.   — perhaps
213. мѝслити, v., t., & i., ipfv.   — to think
     pr.t: мѝслим, мѝслиш, мѝсли
          мѝслимо, мѝслите, мѝсле
214. крàтак, adj., m.   — short
     крàткā, f.
     крàткō, n.
     крáткō, adv.   — shortly
215. цēо, adj., m.   — whole, entire
     цéла, f.
     цéло, n.
216. рáзред, m.   — class
217. зàдовōљан, adj., m.   — content, satisfied
     зàдовōљна, f.
     зàдовōљно, n.
     зàдовōљно, adv.   — contentedly

218. сàсвим, adv. — quite, entirely
219. jòш, adv. — still

220. дòвōљан, adj., m. — sufficient
    дòвōљна, f.
    дòвōљно, n.
    дòвōљно, adv. — sufficiently
221. штò, pron. — what
222. нѝшта, pron. — nothing
223. слу̀шати, v., t., ipfv. — to listen, to obey
    pr. t: слу̀шāм, слу̀шāш, слу̀шā
    слу̀шāмо, слу̀шāте, слу̀шājу
224. су̀вишē, adv. — too (much)
225. пòлако, adv., пòлāко, adv. — slowly
226. чèшаљ, m. — comb
    nom. pl: чèшљеви
227. вèтар, m. — wind
    nom. pl: вèтрови
228. гòлуб, m. — pigeon
    nom. pl: гòлубови - гòлуби
229. кнêз, m. — knight
    nom. pl: кнèжеви (кнèзови)
230. цȁр, m. — czar, emperor
    nom. pl: цàреви
231. вôз, m. — train
    nom. pl: вôзови, or: вòзови
232. пȃр, m. — pair, couple
    nom. pl: пàрови

DAILY UNIT II

ПРВИ ДЕО	PART I
ДИЈАЛОГ БРОЈ 2	DIALOGUE NO. 2
Учење код куће	Studying at home

1. Браун: Шта радите вечерас?

   Смит: Зашто питате?

2. Б: Чујем да сте увече увек код куће.

   С: Јесам.

3. Б: Желите ли да мало слушамо радио вечерас?

   С: Ја морам да учим вечерас.

4. Б: Морате ли да учите још и увече?

   С: Наставник каже да треба да учимо код куће такође.

5. Б: Ја никад не учим код куће.

   С: Ви лако учите.

6. Б: Ја мислим да је довољно ако човек слуша пажљиво кад наставник говори.

   С: Можда, ако је човек тако даровит као ви.

7. Б: Нисте ни ви последњи ђак.

   С: Нисам последњи, али ...

8. Б: Ја мислим да сте ви врло марљиви.

   С: Марљив можда, али не даровит.

1. Brown: What are you doing tonight?

   Smith: Why do you ask?

2. B: I hear that you are always at home in the evening.

   S: I am.

3. B: Do you want to listen ("that we listen") to the radio a little tonight?

   S: I must study tonight.

4. B: Must you study in the evening too?

   S: The instructor says that we ought to study at home too.

5. B: I never study at home.

   S: You learn easily.

6. B: I think that it is enough if one listens attentively when the instructor speaks.

   S: Perhaps, if one is as talented as you.

7. B: You are not the last pupil either.

   S: I am not the last but...

8. B: I think that you are very diligent.

   S: Diligent perhaps, but not talented.

9. Б: Лепо, шта учите вечерас?

C: Морам да научим цео дијалог број три за сутра.

10. Б: Желите ли да радимо заједно вечерас?

C: Добро, само, знате, ја не слушам радио док учим.

11. Б: Разумем, ви не слушате радио док не научите дијалог.

C: Тако је.

9. B: Well, what are you studying tonight?

S: I have to master the entire dialogue number three for tomorrow.

10. B: Do you want to work ("that we work") together tonight?

S: All right, only you know I do not listen to the radio while I am studying.

11. B: I understand, you do not listen to the radio until you ("don't") master the dialogue.

S: That is right ("so is").

ДРУГИ ДЕО

ГРАМАТИЧКА АНАЛИЗА БРОЈ 2

PART II

GRAMMAR ANALYSIS NO. 2

PAR. 38 - THE PRESENT TENSE ENDINGS

1. - (3) Желите ли да мало слушамо радио вечерас?
    (1) Шта радите вечерас?
    (2) Чујем да сте увече увек код куће.
        Војници и официри гину заједно.
        Soldiers and officers perish together.

The words "слушамо", "желите", "радите", and "гину" are the present tense forms of the verbs "слушати", "желети", "радити", and "гинути".
The present tense of all Serbo-Croatian verbs is formed by adding one of the following groups of endings to the present tense stem:

	I	II	III	IV
1st person singular:	-ам	-им	-јем	-ем
2nd person singular:	-аш	-иш	-јеш	-еш
3rd person singular:	-а	-и	-је	-е
1st person plural:	-амо	-имо	-јемо	-емо
2nd person plural:	-ате	-ите	-јете	-ете
3rd person plural:	-ају	-е	-ју	-у

2. - The present tense stem of all verbs is the part which remains when the ending is omitted from the third person plural. Consequently, once we know the present tense, the determination of the present tense stem, which is important not only for the formation of the present tense but

also for the formation of other verbal forms, is very simple. As all dictionaries give only the infinitive, it is important to know how to form the present tense from the infinitive.

For the present we shall explain the formation of the present tense of verbs the infinitive ending "-ти" of which is connected with the root by a connecting vowel or syllable- regular verbs (see 3 in this paragraph). The verbs ending in "-ћи" and "-ти" which is added directly to the root (irregular verbs) will be explained later. In the meantime the present tense of all irregular verbs used in these lessons will be given in the vocabularies.

3. - The connecting vowels (2) and syllables (2a) by which the infinitive ending "ти" (3) is connected with the root(1) help us in classifying the verbs into groups according to their conjugation:

```
   1     2   3
рачун  -  а - ти          - to calculate, to count, to
                            figure
   1     2a  3
напред - ова - ти         - to progress
```

NOTE: The root of a word is that part which the word has in common with other words of related meanings: рачун - bill, account; рачун+ар - calculator; рачун+ање - calculation, figuring; рачун+ати - to calculate, to count, to figure; рачун+ција - calculator, mathematician; рачун+ица - mathematics, etc.

PAR. 39 - THE PRESENT TENSE OF VERBS WITH THE CONNECTING VOWEL "A" AND WITH THE PRESENT TENSE ENDINGS "AM, AШ...."

(10) Добро, само знате, ја не слушам радио док учим.
Слушаш ли ти што ти ја говорим?
Are you listening (to) what I am telling you?
(6) Довољно је ако човек слуша пажљиво кад наставник говори.
(3) Желите ли да мало слушамо радио вечерас?
(11) Разумем, ви не слушате радио док не научите дијалог.
Добри ђаци слушају пажљиво кад учитељ говори.
Good students listen attentively when the teacher is talking.

The present tense of verbs of this class is formed by cutting off the connecting vowel "-а-" and the infinitive ending "-ти-" and adding the endings: -ам, -аш, -а, -амо, -ате, -ају:

```
1. (Ја)  слуш - ам        (Ми) слуш - амо
2. (Ти)  слуш - аш        (Ви) слуш - ате
3. (Он)  слуш - а         (Они) слуш - ају
   (Она) слуш - а         (Оне) слуш - ају
   (Оно) слуш - а         (Она) слуш - ају
```

PAR. 40 - THE PRESENT TENSE OF VERBS WITH THE CONNECTING VOWEL "Е" OR "И" AND WITH THE PRESENT TENSE ENDINGS "ИМ, ИШ....."

   (5) Ја никад не учим код куће.
       Учиш ли ти код куће?
       Do you study at home?
       Учи ли он код куће?
       Does he study at home?
   (4) Наставник каже да треба да учимо код куће такође.
   (5) Ви лако учите.
       Да ли они уче лако?
       Do they learn easily?
       Ја желим да будем први.
       I want to be the first.
       Шта ти желиш?
       What do you want?
       Он жели да слуша радио вечерас.
       He wishes to listen to the radio tonight.
       Ми желимо да слушамо радио вечерас.
       We wish to listen to the radio tonight.
   (3) Желите ли да мало слушамо радио вечерас?
       Желе ли они да слушају радио?
       Do they wish to listen to the radio?

The present tense of verbs ending in "-ти", which is connected to the root by the connecting vowel "-е-" or "-и-", is formed by cutting off the connecting vowel "-е-" or "-и-" and the infinitive ending "-ти" and adding the present tense endings: -им, -иш, -и, -имо, -ите, -е:

                учити - **to study**
   1. (Ја) уч - им   (Ми) уч - имо
   2. (Ти) уч - иш   (Ви) уч - ите
   3. (Он,Она,Оно) уч - и   (Они,Оне,Она) уч-е

                желети - **to wish, to want**
   1. (Ја) жел - им   (Ми) жел - имо
   2. (Ти) жел - иш   (Ви) жел - ите
   3. (Он,Она,Оно) жел-и   (Они,Оне,Она) жел-е

NOTE: Most Serbo-Croatian verbs belong to the classes in Par. 39 & 40.

PAR. 41 - USE OF THE CONJUNCTION "ДА" (THAT)

   (3) Ја морам да учим вечерас.
   (9) Морам да научим цео дијалог број три за сутра.
       Ви морате да учите више.
       You have to study more.

Serbo-Croatian tends to avoid the use of the infinitive after a main verb (морам, морам, морате). Instead of the infinitive in such cases is used the conjunction "да" (that) plus the form of the verb (да учим, да научим, да учите) corresponding to its subject (and corresponding to the subject of the infinitive in English) (Ја - да учим, ја - да научим, ви - да учите).

PAR. 42 - IMPERFECTIVE AND PERFECTIVE VERBS

In Serbo-Croatian almost every verb has two aspects, imperfective and perfective, which express different points of view on the action named by the verb.

The aspects are varieties of the same verb which express varieties of the same action.

1. <u>Imperfective verbs</u> refer to an action or condition as <u>continuing</u> in the past, present, or future, or as frequently recurring in the past, present, or future.

учити, v.,ipfv.   - to study, to be studying

Imperfective verbs in the present tense answer the question "What is the subject doing (now)?"

Шта <u>радите</u>(сада)? - <u>Учим</u> дијалог.
What <u>are you doing</u> (now)? - I <u>am studying</u> the dialogue.

<u>The present tense of imperfective verbs is used</u>:
a) Where English uses the present tense progressive:
(1) Шта <u>радите</u> вечерас?
   Они <u>говоре</u> српскохрватски (сад).
   They are <u>speaking</u> Serbo-Croatian (now).

NOTE: The English "I am studying, You are studying", etc. represent each a single unit expressing an action which is going on. "Am", "are" etc. are forms of the auxiliary verb "to be"; together with the present participle "studying" they form the present progressive tense of the verb "to study", which is rendered into Serbo-Croatian by the present tense of the imperfective verb "учити". Do not translate the English auxiliary verb and the participle separately.

b) Where English uses the simple present tense to denote:
- A habit (usually):
(5) Ја никад не <u>учим</u> код куће.
(10) Ја не <u>слушам</u> радио док учим.
   Он <u>ради</u> врло тешко.
   He <u>works</u> very hard.
-A quality (ability):
   Они <u>говоре</u> српскохрватски.
   They <u>speak</u> Serbo-Croatian (i.e. They know how to speak Serbo-Croatian).

2. - <u>Perfective verbs</u> denote either a momentary action or state, or only the beginning, or the end of a durative action or state.

Perfective verbs cannot answer the question "What is the subject doing (now)?": Шта радите? - <u>Учим</u> дијалог.

While the present tense of imperfective verbs can be equally used both in main and in subordinate clauses according to the nature of the action we want to express, the present of perfective verbs is commonly used in subordinate clauses and with the conjunction "да" to replace the infinitive (see Par. 41):

(5) Ја никад не <u>учим</u> код куће.
(3) Ја морам <u>да учим</u> вечерас.
(4) Наставник каже да треба <u>да учимо</u> код куће.
(9) Морам <u>да научим</u> цео дијалог број три за сутра.

ТРЕЋИ ДЕО   PART III

<u>ГРАМАТИЧКЕ ВЕЖБЕ БРОЈ 2</u>   <u>GRAMMAR EXERCISES NO. 2</u>

Put into the right form of the present tense the verbs in the parentheses:
Ја (читати) штиво.
А шта ти (читати)?
Да ли Петар такође (читати) штиво?
Ми (читати) штиво.
А шта ви (читати)?
Шта Петар и Мара (читати)?
Ја (радити) домаћи задатак.
Шта Петар (радити)?
(Радити) ли ти домаћи задатак?
Ми (радити) домаћи задатак.
А шта ви (радити)?
(Радити) ли Петар и Мара домаћи задатак?
Ко (питати) а ко (одговарати)?
Учитељ (питати) а ја (одговарати).
Зашто ти не (одговарати)?
Ја не (одговарати) јер не (знати).
Учитељи (питати) а ученици (одговарати).
Зашто ви не (одговарати)?
Ми не (одговарати) јер не (знати).
Зашто они (знати) а ви не (знати)?
Они (знати) јер они (учити), а ми не (знати) јер ми не (учити).
Зашто ви не (учити)?
Ја не (желети) да (одговорити) на то питање.
Да ли ни ви не (желети) да (одговорити) на ово питање?
Да, ни ја не (желети) да (одговорити) на то питање.
Ко (желети) да (одговорити) на питање?
Они (желети) да (одговорити) на питање.
Шта (желети) ученици?
Ученици (желети) да (научити) српскохрватски језик.
Шта ти (желети)?
Ја не (желети) ништа.
Ко (говорити) а ко (слушати)?
Учитељ (говорити) а ученици (слушати).

Да ли ви (слушати) пажљиво што учитељ (говорити)?
Да, ја (слушати) пажљиво што учитељ (говорити).
Да, ми (слушати) пажљиво што учитељ (говорити).
Да ли он (слушати) пажљиво што ја (говорити)?
Да, и он (слушати) пажљиво што ви (говорити).
Да ли они (слушати) пажљиво што ја (говорити)?
Ко (имати) перо?
Ја (имати) перо.
А да ли ви (имати) перо?
Да, и ја (имати) перо.
Ко (спавати)? - Дете (спавати).
Да ли ви (спавати) много?
Не, ја не (спавати) много него мало.
Зашто ви (спавати) мало?
Ја (спавати) мало, јер (морати) да (учити) много.

ЧЕТВРТИ ДЕО   PART IV

ШТИВО БРОЈ 2   READING TEXT NO. 2

Домаћи задатак

Прво: да научимо цео дијалог (Лекција - први део; први час);

Друго: да прочитамо граматику и спремимо питања (други део, други час);

Треће: да прочитамо граматичке вежбе и спремимо одговоре на питања (трећи део; трећи час);

Четврто: да прочитамо и разумемо цело штиво (четврти део; четврти час);

Пето: да спремимо писмени превод (шести део; пети час);

Шесто: да учимо речи (седми део; први и четврти час).

Ако ученик ради домаћи задатак марљиво и пажљиво, он много научи и онда није тешко одговарати кад наставник пита.

ПЕТИ ДЕО   PART V

ПИТАЊА ИЗ ШТИВА БРОЈ 2   QUESTIONS ON THE READING TEXT NO. 2

1. Шта је домаћи задатак?
2. Где раде ученици домаћи задатак?
3. За који дан раде ученици домаћи задатак?
4. Како треба ученици да науче дијалог?
5. Како треба ученик да ради граматичке вежбе?
6. Како треба ученик да ради штиво?
7. Какав превод треба ученик да спреми?
8. Које речи треба ученик да учи?
9. Како треба ученик да ради домаћи задатак?
10. Колико ученик научи ако ради домаћи задатак марљиво?
11. Који је део дијалог?
12. Који је час дијалог?
13. Који део су граматичке вежбе?
14. Који час су граматичке вежбе?
15. Који је део штиво?
16. Који је час штиво?
17. За који је час писмени превод?
18. Који део је писмени превод?
19. Који је део речник?
20. За који час су нове речи?

ШЕСТИ ДЕО   PART VI

ВЕЖБА ИЗ ПРЕВОЂЕЊА БРОЈ 2   TRANSLATION EXERCISE NO. 2

Work at home

Brown is a talented student, but he never studies at home in the evening. He thinks that it is enough if one listens attentively when the instructor speaks.

I am not such a bad student ("so bad a student") either, but I must study at home. While I work I do not listen to the radio. I do not listen to the radio until I master the dialogue, especially if the dialogue is difficult.

I know that Brown already knows the dialogue for tomorrow, but he says he wants to study with me tonight.

СЕДМИ ДЕО   PART VII

РЕЧНИК БРОЈ 2   VOCABULARY NO. 2

```
233. вечѐрас, adv.                  - tonight
234. чу̏ти, v.,t., & i.,ipfv.pfv.   - to hear
     pr.t: чу̏јеı,чу̏јеш,чу̏је
           чу̏јемо,чу̏јете,чу̏ју
235. у̀вече̄, adv.                   - in the evening
236. ко̀д ку̏ће, adv.                - at home
237. жѐлети, v.,t.,ipfv.            - to wish, to desire; to want
     pr.t:жѐлим,жѐлиш,жѐли
          жѐлимо,жѐлите,жѐле
238. ра̏дио, m.                      - radio
239. мо́рати, v.,i.,ipfv.            - to have to, must
     pr.t:мо̄ра̑м,мо̄ра̑ш,мо̄ра̑
          мо̄ра̑мо,мо̄ра̑те,мо̄ра̑ју
*219. јо̀ш и, conj.                  - also
240. ни̏кад, adv.                    - never
241. ка̏о, conj.                     - as, like
*211. лѐпо, adv.                     - well
*95. нау̀чити, v.,t.,pfv.            - to master, to learn
     pr.t:нау̀чӣм,нау̀чӣш,нау̀чӣ
          нау̀чӣмо,нау̀чӣте,нау̀че̄
242. за̏једно, adv.                  - together
243. до̀к, conj.                     - while
*243. до̀к не, conj.                 - until

244. до̀ма̄ћӣ, adj.,m.              - domestic
     до̀ма̄ћа̄, f.
     до̀ма̄ће̄, n.
     до̀ма̄ћӣ зада́так               - homework
245. слѐдећи, adj.,m.                - following
     слѐдећа, f.
     слѐдеће, n.
*99. прочи̏тати, v.,t.,pfv.          - to read through
     pr.t:прочи̏та̄м,прочи̏та̄ш,прочи̏та̄
          прочи̏та̄мо,прочи̏та̄те,прочи̏та̄ју
246. спрѐмити, v.,t.,pfv.            - to prepare
     pr.t:спре̏мӣм,спре̏мӣш,спре̏мӣ
          спре̏мӣмо,спре̏мӣте,спре̏ме̄
     спрѐмати, v.,t.,ipfv.           - to prepare
     pr.t:спре̏ма̄м,спре̏ма̄ш,спре̏ма̄
          спре̏ма̄мо,спре̏ма̄те,спре̏ма̄ју
247. о̀дгово̄р, m.                   - answer
248. пи̏смен, adj.,m.                - written
     пи̏смена, f.
     пи̏смено, n.
     пи̏смено, adv.                  - in writing
249. о̀нда̄, adv.                    - then
```

DAILY UNIT III

ПРВИ ДЕО

ДИЈАЛОГ БРОЈ 3

   Одлазак у школу
       ујутро

1. Браун: Куда идете?

   Смит: Идем у школу.

2. Б: Још је рано за школу.

   С: Знам, али треба да прочитам граматику и штиво.

3. Б: И ја треба да научим дијалог.

   С: Добро, онда идемо заједно.

4. Б: Тешко је ићи уз брдо.

   С: Да, али кад идемо натраг низ брдо, онда је лако.

5. Б: Лепо је (то) што идемо кроз шуму.

   С: Не идемо ми кроз шуму него мимо шуму.

6. Б: Већ смо ту. Која је ваша учионица?

   С: Ово је моја учионица. Желите ли да уђете?

PART I

DIALOGUE NO. 3

   Leaving for ("to")
   school in the morning

1. Brown: Where (to) are you going?
   Smith: I am going to school.

2. B: It is still early for school.

   S: I know, but I have to read (through) the grammar and the reading text.

3. B: I, too, have to learn (master) the dialogue.

   S: All right, then we will go together ("we go together").

4. B: It is hard to go up the hill.

   S: Yes, but when we go back down the hill, then it is easy.

5. B: The nice part of it is that ("the nice is that, that") we go through the woods.

   S: We do not go through the woods but past the woods.

6. B: Here ("There") we are already. Which is your classroom?

   S: This is my classroom. Do you want to enter?

7. Б: Само мало. Где ви седите?

   С: Седим обично овде.

8. Б: Како седите?

   С: Како седим? Кад седнем за сто ја ставим ноге <u>под</u> <u>сто</u>, не <u>на сто</u>.

9. Б: А шта онда стављате <u>на сто</u>?

   С: Руке стављам <u>на сто</u>.

10. Б: Како <u>напредујете</u>?

    С: Иде добро.

11. Б: Да ли <u>разумете</u> увек <u>наставника</u>?

    С: Кад не разумем <u>питање</u>, ја питам шта оно значи.

12. Б: Добро, сад ја морам да идем. Довиђења.

    С: Довиђења.

7. B: Only for a little while. ("Only a little"). Where do you sit?
   S: I usually sit here.

8. B: How do you sit?
   S: How do I sit? When I sit down <u>at the desk</u>, I put (my) legs <u>under the desk</u>, not <u>on the desk</u>.

9. B: And what then do you put <u>on the desk</u>?
   S: I put (my) hands <u>on the desk</u>.

10. B: How <u>are you progressing</u>?
    S: It is going all right.

11. B: Do <u>you</u> always <u>understand the instructor</u>?
    S: When <u>I</u> do not <u>understand a question</u> I ask what it means.

12. B: All right, now <u>I</u> have <u>to</u> go. So long.
    S: So long.

ДРУГИ ДЕО

ГРАМАТИЧКА АНАЛИЗА БРОЈ 3

PART II

GRAMMAR ANALYSIS NO. 3

PAR. 43 - TRANSITIVE AND INTRANSITIVE VERBS

Дете спава.   Учитељ пита ученика.

1. - (2) Знам, али треба да прочитам граматику и штиво.
   (3) И ја треба да научим дијалог.
   (11) Да ли разумете увек наставника?
   (11) Кад не разумем питање, ја питам шта оно значи.

The meaning of verbs "прочитам", "научим", "разумете" and "разумем" is completed by nouns "граматику", "штиво", "дијалог", "наставника", and "питање". A noun used with verbs in this function is called the direct object.

All verbs which must or may have a direct object are called transitive verbs. The direct object answers the question "Whom?" (a person) or "What?" (a thing). The possibility of placing these questions after a verb is an indication that the verb is transitive.

2. - (1) Куда идете?
   (10) Како напредујете?
   Дете спава.
   The child is sleeping.

The verbs "идете", "напредујете", "спава" have no direct object. Since they do not inflict action directly on an object, it is impossible to ask the questions "Whom?" and "What?" about them. Such verbs are called intransitive verbs.

PAR. 44 - THE DIRECT OBJECT

The direct object is the receiver of the action of a transitive verb. As indicated above it answers the questions "Whom?" or "What?" and requires no preposition.

PAR. 45 - THE ACCUSATIVE SINGULAR OF NOUNS

1. - (11) Да ли разумете увек наставника?
   (3) И ја треба да научим дијалог.
   (2) Знам, али треба да прочитам граматику.
   (2) Знам, али треба да прочитам штиво.
   (11) Кад не разумем питање, ја питам шта оно значи.

The nouns "наставника", "дијалог", "граматику", "штиво" and "питање" are direct objects of the verbs "разумете", "научим", "прочитам", "прочитам", and "разумем". Direct objects in Serbo-Croatian are expressed by a special form of nouns and pronouns. The name of that form is the accusative case.

The accusative case of nouns is made by adding certain endings to the stem of nouns.
The accusative singular endings are:
(a) For all masculine animate nouns "-a":
Nom.sing. наставник,   stem: наставник-   acc.sing: наставник-а
          Американац,   Американц-   Американц-а

    (b) The accusative case singular of all <u>masculine inanimate</u> nouns is the <u>same as the nominative</u>:
Nom.sing: дијалог,   stem: дијалог-   acc.sing: дијалог
          речник,   речник-   речник

    (c) For <u>all feminine</u> nouns which in the nominative singular end in "-а", the accusative singular ending is "-у":
Nom.sing: жена,   stem: жен-   acc.sing: жен-у
           школа,   школ-   школ-у

    (d) The accusative singular of <u>all neuter</u> nouns is <u>the same as the nominative</u> singular:
Nom.sing: перо   stem: пер-   acc.sing: пер-о
           питање   питањ-   питањ-е

PAR. 46 - THE PRESENT TENSE OF THE VERB "ИЋИ"

    1. (1) Куда <u>идете</u>?
       (1) <u>Идем</u> у школу.
       (3) Добро, онда <u>идемо</u> заједно

    The present tense endings of the verb "ићи", ipfv. (to go) as well as of <u>all</u> verbs ending in "ћи", are: -ем, -еш, -е, -емо, -ете, -у. These endings are added to the present stem, which for the verb "ићи" (to go) is "ид-":

1. (Ја) ид-ем - I go, I am going
2. (Ти) ид-еш - You go, You are going
3. (Он) ид-е - He goes, He is going
   (Она)ид-е - She goes, She is going
   (Оно)ид-е - It goes, It is going

          (Ми) ид-емо - We go, We are going
          (Ви) ид-ете - You go, You are going
          (Они)ид-у - They go, They are going
          (Оне)ид-у - They go, They are going
          (Она)ид-у - They go, They are going

    2. Не могу да <u>одем</u> пре него што видим господина учитеља.
   I cannot <u>leave</u> before I see the teacher.

    The verbs "отићи", pfv. (to go away, to depart) is a compound of "ићи" and its present stem is either "од-" (одем, одеш, оде, одемо, одете, оду) or "отид-", (отидем, отидеш, etc.) or "отиђ-" (отиђем, отиђеш, etc.)

    3. - (6) Желите ли да <u>уђете</u>?
            Вечерас не могу да <u>изиђем</u>.
            Tonight I cannot <u>go out</u>.

    The verbs "ући", pfv. (to enter, to go in, to come in) and "изићи" or "изаћи", pfv. (to go out, to come out) are also compounds of the verb "ићи" and have the present stem "уђ-" (уђем, уђеш, etc.) and "изиђ-" or "изађ-" (изиђем, изиђеш, etc.)

NOTE: There are many other compounds of the verb "ићи" and the present tense stem of all of them is obtained by cutting off the infinitive ending "-ћи" and adding "-ђ" to the remaining part: прећи, pfv. (to cross, to go over), present tense stem "пређ-".

PAR. 47 - THE ACCUSATIVE CASE WITH PREPOSITIONS

1. - (1) Идем у школу.
     (9) А шта онда стављате на сто?
     (9) Руке стављам на сто.

The accusative case must be used after the prepositions "у" (into, to, in) and "на" (onto, on) when these prepositions indicate direction of motion. The accusative case answers the question "Куда?" (Whither?) in this case.

NOTE: The question "Whither?", although obsolete to some degree, is much better than the question "Where to?" because it eliminates any confusion with the question "Where?", which in English may mean "Where (to)?" or "Where(at)?".

2. - (8) Кад седнем <u>за сто</u> ја стављам ноге <u>под сто</u>, не на сто.
Мајка жели да изиђете <u>пред кућу</u>.
Mother wants you to come out <u>in front of the house</u>.
Зашто не ставите главу над сто?
Why don't you put your head over the table?

Other prepositions which in the same circumstances govern the accusative case, are:

```
за   - behind         ( за сто)
над  - over           ( над сто)
под  - under          ( под сто)
пред - in front, before ( пред кућу)
```

3. - (5) Лепо је то што идемо <u>кроз шуму</u>.
   (5) Не идемо ми кроз шуму него <u>мимо шуму</u>.
   (4) Тешко је ићи <u>уз брдо</u>.
   (4) Да, али кад идемо натраг <u>низ брдо</u>, онда је лако.

The prepositions "у", "на", "за", "над", "под", and "пред", in circumstances different from those explained above, may govern also other cases. But the following prepositions can govern the accusative case only.

```
кроз - through      ( кроз шуму)
мимо - past, by     ( мимо шуму)
низ  - down         ( низ брдо)
уз   - up, against  ( уз брдо)
```

ТРЕЋИ ДЕО   PART III

ГРАМАТИЧКЕ ВЕЖБЕ БРОЈ 3   GRAMMAR EXERCISES NO. 3

Put into the right form the words in the parentheses:
Ко пита (ученик)?
Наставник пита (ученик).
Ко пита (војник)?
Официр пита (војник).
Ко пита (дед)?
Унук пита (дед).
Имате ли ви (брат)?
Не, ја немам (брат).
Да ли знате (одговор)?
Да, ја знам (одговор).
Који (језик) ви учите?
Ја учим српскохрватски (језик).
Имамо ли сада (диктат)?
Не, сада немамо (диктат), него (граматика).
Ко мора да слуша (мајка)?
Дете мора да слуша (мајка).
Имате ли ви (сестра)?
Не, ја немам ни (брат) ни (сестра).
Имате ли (оловка) и (перо)?
(Оловка) имам, а (перо) немам.
Шта читате?
Читам (штиво) број три.
Разумете ли (питање)?
Да, ја разумем (питање), али не знам (одговор).
Куда идете?
Идем на (час).
Идем у (учионица).
Идем на (брдо).
Идем за (кућа).
Идем пред (кућа).
Шта ради ученик кад уђе у (учионица)?
Кад ученик уђе у (учионица) он ставља (капа) на (чивилук) и седа на (столица).
Куда ученик ставља ноге а куда (глава)?
Ученик ставља ноге под (сто) а главу над (сто).
Куда улази светло у (учионица)?
Светло улази у (учионица) кроз (прозор).
Када идете уз (брдо) а када идете низ (брдо)?
Кад идем у (школа) идем уз (брдо) а кад идем кући идем низ (брдо).
А када идете мимо (шума)?
Мимо (шума) идем и кад идем у (школа) и кад идем кући.
Шта видите кроз (прозор)?
Кроз (прозор) видим (шума).

ЧЕТВРТИ ДЕО PART IV

ШТИВО БРОЈ 3 READING TEXT NO. 3

<u>Шта све ученик ради</u>.

Кад ученици иду у школу, они иду уз брдо. Кад ученици треба да уђу у учионицу, они уђу на врата, не кроз прозор.

Кад уђе у учионицу, ученик ставља речник, бележницу, перо и друго на сто. Онда пажљиво слуша наставника. Кад ученик не чује или не разуме наставника, он каже: "Молим још једном, не разумем". Кад ученик чита, он чита књигу. Кад ученик пише, он пише у бележницу. Кад наставник пише, он пише на таблу.

Ако ученик тако ради, он лепо учи и напредује. Кад ученик научи све што треба да научи за један дан, онда је време да оде. Кад ученик треба да изађе (изиђе), он изиђе опет на врата, не кроз прозор.

ПЕТИ ДЕО PART V

ПИТАЊА ИЗ ШТИВА БРОЈ 3 QUESTIONS ON READING TEXT NO. 3

1. Куда иду ученици?
2. Како иду ученици кад иду у школу?
3. Куда треба да уђу ученици?
4. Како улазе ученици кад треба да уђу у учионицу?
5. Да ли ученици улазе у учионицу кроз прозор?
6. Шта ради ученик кад уђе у учионицу?
7. На шта ученик ставља речник и бележницу?
8. Како ученик слуша наставника?
9. Шта каже ученик ако не чује наставника?
10. Шта каже ученик ако не разуме наставника?
11. Шта чита ученик?
12. У шта пише ученик?
13. На шта пише наставник?
14. Кад ученик лепо учи?
15. Кад ученик напредује?
16. Шта треба ученик да научи?
17. Кад је време да ученик оде?
18. Кад треба ученик да изађе?
19. Како излази ученик кад треба да изађе?
20. Да ли ученик треба да излази кроз прозор?

ШЕСТИ ДЕО	PART VI
ВЕЖБА ИЗ ПРЕВОЂЕЊА БРОЈ 3	TRANSLATION EXERCISE NO. 3

Today I am going to school very early, because I do not yet know my lesson. Brown, too, is going early today. I have to read the grammar and he must learn the dialogue.

We are going past a forest. We have to go up the hill. That is not easy. To go down the hill is easy. And to go through a forest is very nice.

Brown wants to see my classroom. He wishes to see my place. Then he asks where I put this and where I put that. He also wants to know how I am progressing, if I understand the teacher, and what I do if I don't understand a question. Then he says "so long".

СЕДМИ ДЕО	PART VII
РЕЧНИК БРОЈ 3	VOCABULARY NO. 3

250. о̀длазак, m.,
    gen.sing: о̀дласка
    pl: о̀дласци   — departure, leaving
*34. у̀јутро, adv.   — in the morning
251. ку̀да̄, adv.   — whither, where to
252. и̏ћи, v.,1.,ipfv.   — to go
    pr.t: и̏дēм, и̏дēш, и̏дē
    и̏дēмо, и̏дēте, и̏дӯ
253. ра̏но, adv.   — early
*219. јо̏ш, adv.   — yet
254. у̑з, prep.   — up
255. бр̑до, n.   — hill
256. на̀траг, adv.   — back
257. ни̑з, prep.   — down
258. кро̑з, prep.   — through
259. шу́ма, f.   — wood, forest
260. ми̏мо, prep.   — past
261. у́ћи, v.,1.,pfv.   — to enter
    pr.t: у̑ђēм, у̑ђēш, у̑ђē
    у̑ђēмо, у̑ђēте, у̑ђӯ
    a.p.p. ушао, m., ушла, f., ушао, n. — entered
*261. у̀лазити, v.,1.,ipfv.   — to enter
    pr.t: у̀лазӣм, у̀лазӣш, у̀лазӣ
    у̀лазӣмо, у̀лазӣте, у̀лазē

262. ста̀вљати, v.,t.,ipfv. - to put
     pr.t: ста̀вљам,ста̀вљаш,ста̀вља
           ста̀вљамо,ста̀вљате,ста̀вљају
     ста̀вити, v.,t.,pfv. - to put
     pr.t: ста̀вим,ста̀виш,ста̀ви
           ста̀вимо,ста̀вите,ста̀ве̄
263. сѐсти, v.,i.,pfv. - to sit (down)
     pr.t: сѐднēм,сѐднēш,сѐднē
           сѐднēмо,сѐднēте,сѐднӯ
*263. сѐдати, v.,i., ipfv. - to sit (down)
     pr.t: сѐдам,сѐдаш,сѐда
           сѐдамо,сѐдате,сѐдају
     сѐдети,v.,i.,ipfv. - to sit, to be
     pr.t: сѐдӣм,сѐдӣш,сѐдӣ sitting
           сѐдӣмо,сѐдӣте,сѐдē̄
264. пре̏д, prep. - before, in front of
265. но̀га, f. - leg; foot
266. по̏д, prep. - under
*115. за̏, prep. - behind, at
267. ру́ка, f. - arm; hand
268. на̏д, prep. - above, over
269. оти́ћи,v.,i.,pfv. - to depart, to go away
     pr.t: о̀дēм,о̀дēш,о̀дē
           о̀дēмо,о̀дēте,о̀дӯ
     a.p.p. о̀тишао,m., о̀тишла,f.,о̀тишло,n.-departed
*269. о̀длазити,v.,i.,ipfv. - to depart, to go away
     pr.t: о̀длазӣм,о̀длазӣш,о̀длазӣ
           о̀длазӣмо,о̀длазӣте,о̀длазē̄
270. изи́ћи (иза́ћи), v.,i.,pfv. - to go out, to come out
     pr.t: изи̑ђēм (иза̑ђēм)
           изи̑ђēш (иза̑ђēш)
           изи̑ђē (иза̑ђē)
           изи̑ђēмо (иза̑ђēмо)
           изи̑ђēте (иза̑ђēте)
           изи̑ђӯ (иза̑ђӯ)
     a.p.p. изи̏шао,m., изи̏шла,f., изи̏шло,n.-gone out, come out
*270. и́злазити,v.,i.,ipfv. - to go out, to come out
     pr.t: и́злазӣм,и́злазӣш,и́злазӣ
           и́злазӣмо,и́злазӣте,и́злазē̄
271. пре́ћи,v.,t.,& i.,pfv. - to cross, to go over, to
     pr.t: пре̏ђēм,пре̏ђēш,пре̏ђē   cover
           пре̏ђēмо,пре̏ђēте,пре̏ђӯ
     a.p.p. пре̏шао,m., пре̏шла,f., пре̏шло,n-crossed, covered
*271. прѐлазити,v.,t.,& i.,ipfv. - to cross, to go over, to
     pr.t: прѐлазӣм,прѐлазӣш,прѐлазӣ - cover
           прѐлазӣмо,прѐлазӣте,прѐлазē̄
272. са̏в,pron.,m.,сва̏,f.,све̏,n. - all
     све̏,_adv.
273. је̏дном, adv. - once
274. вре́ме, n.gen.sing.: врѐмена - time
     pl.: врѐмена
275. о̀пēт, adv. - again
276. спа́вати, v.,i.,ipfv. - to sleep
     pr.t: спа̑вам,спа̑ваш,спа̑ва̄
           спа̑вамо,спа̑вате,спа̑вају

DAILY UNIT IV

ПРВИ ДЕО	PART I
ДИЈАЛОГ БРОЈ 4	DIALOGUE NO. 4

Где је шта у учионици   Where are things ("Where is what") in the classroom

1. Наставник: Шта видите кад седите у учионици?

   Ученик: Кад седим у учионици видим зид, врата и прозор.

2. Наст: Шта видите кроз онај прозор.

   Уч: Кроз онај прозор видим шуму.

3. Наст: Шта видите кроз овај прозор?

   Уч: Кроз тај прозор видим библиотеку.

4. Наст: Шта видите на зиду?

   Уч: На зиду видим чивилук и географску карту.

5. Наст: Да ли је ваша капа на месту?

   Уч: Да, она је на чивилуку.

6. Наст: Чија је оно капа? (Чија је она капа?)

   Уч: Оно је моја капа. (Она капа је моја.)

---

1. Instructor: What do you see when you are sitting in the classroom?

   Student: When I am sitting in the classroom I see the wall, the door and the window.

2. Instr: What do you see through that window (over there)?

   St: Through that window (over there) I see the forest.

3. Instr: What do you see through this window?

   St: Through that window I see the library.

4. Instr: What do you see on the wall?

   St: On the wall I see the hanger and the map.

5. Instr: Is your cap in place?

   St: Yes, it is on the hanger.

6. Instr: Whose cap is that (Whose is that cap) over there?

   St: That (over there) is my cap. (That cap (over there) is mine).

7. **Наст:** Где висе капа и географска карта?

   Уч: Капа виси <u>о чивилуку</u>, а мапа виси <u>на зиду</u>.

8. **Наст:** Где су столови?

   Уч: Столови су свуда <u>по соби</u>.

9. **Наст:** Је ли <u>то</u> ваш сто? (Је ли <u>тај сто</u> ваш?)

   Уч: Да, <u>ово</u> је мој сто. (Да, <u>овај сто</u> је мој.)

10. **Наст:** Да ли је он <u>према улазу</u>?

    Уч: Није, он је мало више унутра.

11. **Наст:** Да, али је <u>при улазу</u>.

    Уч: То је тачно.

12. **Наст:** Да ли ви волите <u>такав и толики</u> сто?

    Уч: Ја не волим <u>овакав и оволики сто</u>, него <u>онакав и онолики сто</u>.

13. **Наст:** Ја мислим да су сви столови <u>такви и толики</u> као што је ваш сто.

    Уч: Збиља?

7. <u>Instr</u>: Where are the cap and the map hanging?

   <u>St</u>: The cap is hanging <u>on the hanger</u> and the map is hanging <u>on the wall</u>.

8. <u>Instr</u>: Where are the desks?

   <u>St</u>: The desks are all <u>over the room</u>.

9. <u>Instr</u>: Is <u>that</u> your desk? (Is <u>that desk</u> yours?)

   <u>St</u>: Yes, <u>this</u> is my desk. (Yes, <u>this desk</u> is mine.)

10. <u>Instr</u>: Is it <u>opposite the entrance</u>?

    <u>St</u>: It isn't, it is a little more inside.

11. <u>Instr</u>: Yes, but it is <u>by the entrance</u>.

    <u>St</u>: That is correct.

12. <u>Instr: Do you like a desk of that kind and size</u>?

    <u>St</u>: I do not like a desk <u>of this kind and size</u>, but <u>of that kind and size</u> (over there).

13. <u>Instr</u>: I think that all the desks are <u>of the same kind and size</u> as yours ("of the kind and size as is your desk").
    <u>St</u>: Really?

ДРУГИ ДЕО PART II

ГРАМАТИЧКА АНАЛИЗА БРОЈ 4 GRAMMAR ANALYSIS NO. 4

PAR. 48 - THE LOCATIVE SINGULAR OF NOUNS

1. - (1) Кад седим у учионици видим зид, врата, прозор.
   (4) Шта видите на зиду?
   (5) Да ли је ваша капа на месту?
   (5) Да, она је на чивилуку.

The locative case basically indicates location, that is, in a place (у учионици), at a place, or on something (на зиду, на месту, на чивилуку). It occurs only after certain prepositions.
The locative singular of all masculine and neuter nouns is formed by adding the ending "-у" to the stem:

nom.sing:зид   the stem:зид-   loc.sing:зид-у
       учење   учењ-   учењ-у
       место   мест-   мест-у

The locative singular of all feminine nouns is formed by adding the ending "-и" to the stem:

nom.sing:учионица   the stem:учионип-loc.sing:учионип-и
       жена   жен-   жен-и

If the stem of a noun ends in "к", "г" or "х" it usually changes to "ц", "з" or "с" respectively before the ending "и":

nom.sing:библиотека the stem:библиотек- loc.sing:библиотец-и
       нога   ног-   ноз-и

2. - (11) Да, али је при улазу.
   (1) Кад седим у учионици видим зид, врата, прозор.
   (4) На зиду видим чивилук и географску карту.
   (7) Капа виси о чивилуку.
   (8) Столови су свуда по соби.
   (10) Да ли је он према улазу?

The only preposition which governs only the locative case (при улазу) is "при" (by, at, near).
The prepositions "у" (in, at), "на" (on, at, in), "о" (on, about), "по" (over, on) and "према" (opposite) are the only other prepositions which govern the locative to denote location (у учионици, на зиду, о чивилуку, по соби, према улазу)(or to express some other ideas which will be explained later). All these prepositions under different circumstances govern other cases.

PAR. 49 - DEMONSTRATIVE PRONOUNS

Demonstrative pronouns are used to point out persons or things. The **Serbo-Croatian** demonstrative pronouns are adjectival pronouns (see Par. 26).

1. - (3) Шта видите кроз <u>овај</u> прозор?
   (3) Кроз <u>тај</u> прозор видим библиотеку.
   (2) Шта видите кроз <u>онај</u> прозор?
   (2) Кроз <u>онај</u> прозор видим шуму.

The words "овај", "тај", and "онај" are demonstrative pronouns which are used to point out persons or things regardless of their quality or size. In their fundamental form they read as follows:

Овај, m., ова, f., ово, n. - this
Тај, m., та, f., то, n. - that
Онај, m., она, f., оно, n. - that (over there), yonder

NOTE: The stems of the above pronouns are: ов-, т-, он-.

2. - (12) Да ли волите <u>такав</u> и толики сто?
   (12) Ја не волим <u>овакав</u> и оволики сто, него <u>онакав</u> и онолики сто.

The words "овакав", "такав", "онакав", are demonstrative pronouns which are used to point out persons or things of a particular quality. In their fundamental form they read as follows:

Овакав, m., оваква, f., овакво, n. — such, of this kind, like this
Такав, m., таква, f., такво, n. — such, of that kind, like that
Онакав, m., онаква, f., онакво, n. — of that kind (over there), like that (over there)

NOTE: (a) The stems of the above pronouns are: овакв-, такв-, онакв-.
(b) A shortened form of the above pronouns is heard in colloquial speech: оваки, m., овака, f., овако, n.; таки, m., така, f., тако, n.; онаки, m., онака, f., онако, n.

3. — (12) Да ли волите такав и толики сто?
(12) Ја не волим овакав и оволики сто, него онакав и онолики сто.

The words "оволики", "толики", and "онолики" are demonstrative pronouns which are used to point out persons or things of a particular size. In their fundamental form they read:

Оволики, m., оволика, f., оволико, n. — of this size, as big as this
Толики, m., толика, f., толико, n. — of that size, as big as that
Онолики, m., онолика, f., онолико, n. — of that size (over there), as big as that (over there)

4. — Овај речник је мој.
This dictionary is mine
Имаш ли ти овакав речник?
Do you have a dictionary like this?
Да ли је ваша учионица оволика?
Is your classroom also as big as this?
Тај ваш речник је врло добар; мој речник није такав и толики.
That dictionary of yours is very good; my dictionary is neither of that kind nor of that size.
Да ли је онај капут на чивилуку ваш? Није, мој капут није онакав.
Is that coat on the hanger yours? It is not, my coat is not like that.

Demonstrative pronouns "овај", "овакав" and "оволики" refer to objects near the speaker.
"Тај", "такав" and "толики" refer to objects near the person spoken to.
"Онај", "онакав" and "онолики" refer to objects distant from both the speaker and the person spoken to.

5. - (9) Да, ово је мој сто.
To је моје перо.
That is my pen.
(6) Оно је моја капа.
То су моје књиге
Those are my books.

The above are examples of sentences which point out something (ово, то, оно, то) and then give a short definition of it (сто, перо, капа, књиге). The pointing word in both English ("this", "these", "that", "those") and Serbo-Croatian ("ово", "то", "оно") is a demonstrative pronoun.

In such sentences until the object has been named and consequently has no gender, Serbo-Croatian uses the neuter singular demonstrative pronoun. Note that the verb agrees in number with the following word (је мој сто; је моје перо; је моја капа; су моје књиге) and not with the subject (ово, то, оно).

6. - (6) Чија је оно капа?
Чија је она капа?
But(6) Она капа је моја.

If the demonstrative pronoun is followed by the name of the object being pointed out, it always agrees with that noun in gender, number and case (Она капа је моја) except in interrogative sentences which are introduced by an interrogative pronoun, when the pronoun may agree with the noun (Чија је она капа?) or may be in the neuter gender (Чија је оно капа?).

ТРЕЋИ ДЕО   PART III

ГРАМАТИЧКЕ ВЕЖБЕ БРОЈ 4   GRAMMAR EXERCISES NO. 4

1. Put into the right form the words in the parentheses:
Где је ваша капа? - Моја капа је на (чивилук).
Где су ученици? - Ученици су на (час).
Где је географска карта? - Географска карта је на (зид).
Ко је у (учионица)? - У (учионица) су учитељ и ученици.
Где је зец? - Зец је у (шума).
Где ви спавате? - Ја спавам у (соба).
Где је табла? - Табла је на (зид).
Где је креда? - Креда је на (табла).
Зашто не седите на (место)? - Ја не знам где је моје место.
Шта не разумете у (питање)? - Не разумем ништа.
Шта виси о (чивилук)? - О (чивилук) висе капе и капути.
По чему ходамо?-По (под) ходамо.
Шта је према (учионица)? - Према (учионица) је библиотека.
Шта је при (улаз)? - При (улаз) је сто.
2. Choose the right word in the parentheses:
Шта је ово? - (Ово,То,Оно) је речник.
Шта је то? - (Ово,То,Оно) је бележница

Шта је оно? - (Ово,То,Оно) је табла.
Чији је ово речник? - (Ово, То, Оно) је мој речник.
Чији је овај речник? - (Овај,Тај,Онај) речник је мој.
Чија је то бележница? - (Ово,То,Оно) је моја бележница.
Чија је та бележница? - (Ова,Та,Она) бележница је моја.
Чија је она кућа? - (Ова,Та,Она) кућа је наша.
Да ли је ваше перо овакво? - Да моје перо је (овакво,такво, онакво).
Да ли је ваш речник овакав? - Не, мој речник није (овакав, такав,онакав) него (овакав,такав).
Да ли је ваш капут онакав као онај на чивилуку? - Не, мој капут није (онакав,овакав,такав) него (овакав,такав) као ваш.
Да ли је ваш радио оволики? - Не, мој радио није (оволики, толики,онолики) него (оволики,толики).
Да ли је и његов радио толики? - Не, његов радио није (оволики, толики,онолики), него онолики као онај у библиотеци.
Да ли су ови речници добри? - Да, (ови,ти,они) речници су добри.
Да ли су они речници на столу такође добри? - Да, и (они, ти,ови) речници на столу су добри.
Да ли су и ваше оловке овакве? - Не, моје оловке нису (овакве,такве,онакве), него (овакве,такве,онакве) као оне што их има Петар.
Да ли су ваши синови оволики? - Не, моји синови нису (толики, оволики, онолики).
Чија је ово соба? - (То,Та) је моја соба.
Чија је ова соба? - (Та,То) соба је моја.

ЧЕТВРТИ ДЕО   PART IV

ШТИВО БРОЈ 4   READING TEXT NO 4

Где је шта у учионици

На поду у учионици су столови и столице. На столу и у столу су лекције, бележнице, речници, пера и оловке. На столици седи ученик.

На зиду су табла, чивилук и географске карте. На табли су речи које наставник пише. О чивилуку висе капе и капути. На карти је Југославија.

У зиду су прозори и врата. Кроз прозор ученици виде све оно што је напољу. На врата улазе и излазе наставници и ученици.

На таваници је светло.

Кад ученици треба да уђу у учионицу они морају прво да отворе врата. Кад ученици изађу они затворе врата.

ПЕТИ ДЕО	PART V
ПИТАЊА ИЗ ШТИВА БРОЈ 4	QUESTIONS ON THE READING TEXT NO. 4

1. Где су столови?
2. Где су столице?
3. Шта је на столу и у столу?
4. Ко седи на столици?
5. Шта је на зиду?
6. Шта је на табли?
7. Шта виси о чивилуку?
8. Шта је на карти?
9. Где су прозори и врата?
10. Шта виде ученици кроз прозор?
11. Куда улазе ученици и наставници?
12. Да ли они улазе кроз прозор?
13. Шта је на таваници?
14. Кад треба ученици да отворе врата?
15. Кад треба ученици да затворе врата?
16. Шта виде ученици кроз прозор који је при улазу?
17. Шта виде ученици кроз прозор који је према улазу?

ШЕСТИ ДЕО	PART VI
ВЕЖБА ИЗ ПРЕВОЂЕЊА БРОЈ 4	TRANSLATION EXERCISE NO. 4

What the student does

First I open the door. Then I enter the classroom. Then I put the books on or into the desk. Then I put the cap and the coat on the hanger where they hang until it is time to leave ("that I leave").

The instructor is speaking, and writing Serbo-Croatian words on the blackboard.

Through the window we see what kind of day it is. If it is nice, we open the window.

When it is time to leave, we go out and we shut the door.

СЕДМИ ДЕО   PART VII

РЕЧНИК БРОЈ 4   VOCABULARY NO. 4

277. зи̑д, m.   - wall
     nom.pl: зи̏до̄ви
278. о̀ва̑ј, pron.,m.   - this
     о̀ва̄, f.
     о̀во̄, n.
279. та̑ј, pron.,m   - that
     та̄, f.
     то̄, n.
280. о̀на̑ј, pron.,m.   - that (over there)
     о̀на̄, f.   yonder
     о̀но̄, n.
281. библиоте́ка, f.   - library
282. чивѝлук, m.   - hanger
     nom.pl: чиви̏луци
283. геогра́фска ка̀рта, f.   - map
284. ви̏сити, v.,1.,ipfv.   - to hang (to be
     pr.t: ви̏сӣм, ви̏сӣш, ви̏сӣ   hanging)
            ви̏сӣмо, ви̏сӣте, ви̏се̄
285. о̏, prep.   - on
286. свуда̄, adv.   - everywhere
287. по̏, prep.   - over
288. пре́ма, prep.   - opposite
289. у̀лаз, m.   - entrance
290. уну́тра, adv.   - inside
291. при̑, prep.   - by
292. во̀лети, v.,t.,ipfv.   - to like; to love
     pr.t: во̀лӣм, во̀лӣш, во̀лӣ
            во̀лӣмо, во̀лӣте, во̀ле̄
293. ова̀кав, pron.,m.   - of this kind, like this
     ова̀ква, f.
     ова̀кво, n.
294. та̀кав, pron.,m.   - of that kind, like that
     та̀ква, f.
     та̀кво, n.
295. она̀кав, pron.,m.   - of that kind (over
     она̀ква, f.   there), like that (over
     она̀кво, n.   there)
296. ово̀лӣкӣ, pron.,m.   - of this size, as big as
     ово̀лӣка̄, f.   this, this big
     ово̀лӣко̄, n.
297. то̀лӣкӣ, pron.,m.   - of that size, as big as
     то̀лӣка̄, f.   that, that big
     то̀лӣко̄, n.

298. онолики, pron., m. — of that size (over there),
    оноликā, f.   as big as that (over there),
    оноликō, n.   that big
299. под, m., nom.pl. подо̄ви — floor
300. капут, m.   — coat
301. Југославија, f.   — Jugoslavia
302. напољу, adv.   — outside
303. отворити, v., t., pfv. — to open
    pr. t: о̀творӣм, о̀творӣш, о̀творӣ
           о̀творӣмо, о̀творӣте, о̀творе̄
    отва́рати, v., t., ipfv. — to open
    pr. t: о̀тварам, о̀тварам, о̀твара
           о̀тварамо, о̀тварате, о̀тварају
304. затворити, v., t., pfv. — to close, to shut
    pr. t: за̀творӣм, за̀творӣш, за̀творӣ
           за̀творӣмо, за̀творӣте, за̀творе̄
    затва́рати, v., t., ipfv. — to close, to shut
    pr. t: за̀тварам, за̀тварам, за̀твара̄
           за̀тварамо, за̀тварате, за̀тварајӯ
305. видети, v., t., & i., ipfv., pfv. — to see
    pr. t: вӣдӣм, вӣдӣш, вӣдӣ
           вӣдӣмо, вӣдӣте, вӣде̄
306. аероплан, m.   — airplane
307. птица, f.   — bird
308. кавез, m.   — cage
309. кућа, f.   — house

LESSON III

DAILY UNIT I

ПРВИ ДЕО
ДИЈАЛОГ БРОЈ 1

PART I
DIALOGUE NO. 1

О граду Монтереју

1. **Наставник**: Шта имамо данас?

    Ученик: Данас имамо дијалог о Монтереју.

2. **Наст**: Добро, какав је град Монтереј?

    Уч: Монтереј је пријатан мали град.

3. **Наст**: Волите ли ви мале градове?

    Уч: Ја волим да живим по малим градовима и селима.

4. **Наст**: Ви можда не волите градски саобраћај.

    Уч: Не. Не волим да видим по улицама сва та јавна саобраћајна средства.

About the town of Monterey

1. **Instructor**: What do we have today?

    Student: Today we have a dialogue about Monterey.

2. **Instr**: All right, what sort of town is Monterey?

    St: Monterey is a pleasant little town.

3. **Instr**: Do you like small towns?

    St: I like to live in small towns and villages.

4. **Instr**: Perhaps you don't like city traffic.

    St: No. I don't like to see all those public means of transportation in the streets.

5. Наст: У Монтереју имамо само аутобусе.

   Уч: И то врло мало.

6. Наст: Зар мислите да је то добро?

   Уч: Добро је, јер човек не мора да памти све те бројеве.

7. Наст: Ви такође волите широке улице, зар не?

   Уч: Да, волим.

8. Наст: Где ви станујете?

   Уч: Ја станујем у касарни.

9. Наст: Знате ли старијег водника Форда? Где станује он?

   Уч: Он станује у граду; има (једну) велику кућу.

10. Наст: А где живе капетан До и потпоручник Џонз?

    Уч: Они живе у становима за нежењене официре.

11. Наст: За нежењена човека тамо је добро.

    Уч: Нарочито ако мора да иде пешке уз оно стрмо брдо.

12. Наст: За младог човека као што сте ви то није тешко.

    Уч: Можда, али ја не волим стрма брда.

---

5. Instr: In Monterey we have only buses.

   St: And very few too.

6. Instr: Do you really think that, that is good?

   St: It is good because one does not have to remember all those numbers.

7. Instr: You also like wide streets, don't you?

   St: Yes, I do.

8. Instr: Where do you live ("reside")?

   St: I live in the barracks.

9. Instr: Do you know Master Sergeant Ford? Where does he live?

   St: He lives in town; he has a large house.

10. Instr: And where does Captain Doe and Second Lieutenant Jones live?

    St: They live in the Bachelor Officers Quarters.

11. Instr: For an unmarried man it is good there.

    St: Especially if he has to walk ("to go on foot") up that steep hill.

12. Instr: For a young man such as you, that is not difficult.
    St: Perhaps, but I don't like steep hills.

ДРУГИ ДЕО   PART II

ГРАМАТИЧКА АНАЛИЗА БРОЈ 1   GRAMMAR ANALYSIS NO. 1

PAR. 50 - THE ACCUSATIVE PLURAL OF NOUNS

   1. - (5) У Монтереју имамо само <u>аутобусе</u>.
      (10) Они живе у становима за нежењене <u>официре</u>.
      (3) Волите ли ви мале <u>градове</u>?
      (6) Добро је, јер човек не мора да памти све те <u>бројеве</u>.

The accusative plural of <u>all masculine</u> nouns is formed by adding the ending "-<u>e</u>" to the stem (аутобусе, официре). Masculine nouns which have the long plural (see PAR. 37) add "-e" to the extra syllable "-ов" or "-ев" (PAR. 37).

Nom.sing:	аутобус	stem:	аутобус-	acc.pl:	аутобус-е
	официр		официр-		официр-е
	град		град-		град-ов-е
	број		број-		број-ев-е

   2. (7) Ви такође волите широке <u>улице</u>, зар не?
      Ја читам само добре књиге.
      I read only good <u>books</u>.

<u>All feminine</u> nouns which end in "-<u>a</u>" in the nominative singular, add "-<u>e</u>" to form the accusative plural (which, therefore, is the same as the nominative plural):

Nom.sing:	улица	stem:	улиц-	acc.pl:	улиц-е
	књига		књиг-		књиг-е

   3. - (4) Не волим да видим по улицама сва та јавна саобраћајна <u>средства</u>.
      (12) Можда, али ја не волим стрма <u>брда</u>.
      Он мисли да зна одговор на сва <u>питања</u>.
      He thinks that he knows the answer to all <u>questions</u>.

<u>All neuter</u> nouns add "-<u>a</u>" to form the accusative plural (which, therefore, is the same as the nominative plural):

Nom.sing:	средство	stem:	средств-	acc.pl:	средств-а
	брдо		брд-		брд-а
	питање		питањ-		питањ-а

PAR. 51 - THE LOCATIVE PLURAL OF NOUNS

   1. - Шта видите на <u>прозорима</u>? - На <u>прозорима</u> видим цвеће.
      What do you see <u>in the windows</u>? - <u>In the windows</u> I see flowers.
   (3) Ја волим да живим по малим <u>градовима</u> и <u>селима</u>.
  (10) Он живи у <u>становима</u> за нежењене официре.

All masculine and neuter nouns form the locative plural by adding the ending "-има" to the stem:

Nom.sing: прозор	stem: прозор-	loc.pl: прозор-има
село	сел-	сел-има
стан	стан-	стан-ов-има

If the stem of masculine nouns ends in a velar consonant the rule of changing velar consonants before "-има" must be observed (PAR. 8):

Шта виси на чивилуцима?
What hangs on the hangers?
Шта учите у дијалозима?
What do you study in dialogues?

2. - (4) Не волим да видим по улицама сва та јавна саобраћајна средства.
Ученици морају бити у учионицама на време.
The students have to be in the classrooms on time.

The locative plural of all feminine nouns which in the nominative singular end in "-a" is formed by adding the ending "-ама":

Nom.sing: улица	stem: улиц-	loc.pl: улиц-ама
учионица	учионич-	учионич-ама

PAR. 52 - THE ACCUSATIVE SINGULAR OF ADJECTIVES

1. - (11) За нежењена човека тамо је добро.
Учитељ воли марљива ученика.
The teacher likes a diligent student.

The accusative singular of a masculine adjective in the indefinite form which modify an animate noun is made by adding the ending "-a" to the stem:

Nom.sing: нежењен	stem: нежењен-	loc.pl: нежењен-а
марљив	марљив-	марљив-а

2. - (12) За младог човека као што сте ви то није тешко.
Видите ли оног високог господина?
Do you see that tall gentleman?
(9) Знате ли старијег водника Форда?

The accusative singular of masculine adjectives in the definite form which modify an animate noun is made by adding the ending "-ог" if the stem does not end in a palatal consonant (младог, високог), and the ending "-ег" if the stem ends in a palatal consonant (старијег).

3. - Он има црн капут.
   He has a <u>black coat</u>.
   Волите ли мој црни капут?
   Do you like <u>my black coat</u>?
   (4) Ви можда не волите градски саобраћај?

If a <u>masculine</u> adjective, either in the indefinite or definite form, modifies an <u>inanimate</u> noun, the accusative singular is <u>the same as the nominative</u> singular:

Nom.sing: црн капут   acc.sing: црн капут
          црни капут   црни капут
          велики градски саобраћај   велики градски
                                        саобраћај

4. (9) Он станује у граду; има једну велику кућу.
   Ја читам једну врло <u>добру</u> књигу.
   I am reading a very <u>good</u> book.

The accusative singular of all <u>feminine</u> adjectives is obtained by adding the ending "-<u>у</u>" to the stem:

Nom.sing.masc: велик   stem: велик-   acc.sing.fem: велик-у
               добар   добр-   добр-у

5. - (11) Нарочито ако мора да иде пешке уз оно <u>стрмо</u> брдо.
     Ја волим <u>лепо</u> време.
     I like <u>nice</u> weather.

The accusative singular of <u>all neuter</u> adjectives is <u>the same as the nominative singular</u>:

Nom.sing: стрмо (брдо)   acc.sing: стрмо (брдо)
          лепо (време)   лепо (време)

PAR. 53 - THE ACCUSATIVE PLURAL OF ADJECTIVES

1. - (3) Волите ли ви <u>мале</u> градове?
     (10) Он живи у становима са <u>нежењене</u> официре.
     (7) Ви такође волите <u>широке</u> улице, зар не?

The accusative plural of <u>all masculine and feminine</u> adjectives is obtained by adding <u>the ending "-е"</u> to the stem. Therefore, the accusative plural of feminine adjectives is the same as their nominative plural:

Nom.sing: мали   stem: мал-   acc.pl.masc.& fem: мал-е
          широк   широк-   широк-е

2. - (4) Не волим да видим по улицама сва та <u>јавна</u>
         саобраћајна средства.
     (12) Можда, али ја не волим <u>стрма</u> брда.

The accusative plural of <u>all neuter</u> adjectives is <u>the same</u>

as the nominative plural (PAR. 16) (јавна саобраћајна средства; висока брда).

NOTE: The declension endings for <u>adjectival pronouns</u>, <u>ordinal numerals</u> and <u>cardinal numeral "један"</u> are the same as declension endings for adjectives:

(4) Не волим да видим <u>сва</u> <u>та</u> јавна саобраћајна средства.
(6) Добро је, јер човек не мора да памти <u>све</u> <u>те</u> бројеве.
(11) Нарочито ако мора да иде пешке уз <u>оно</u> стрмо брдо.
Шта пише у првом штиву?
What is written in the <u>first</u> reading text?

ТРЕЋИ ДЕО   PART III

ГРАМАТИЧКЕ ВЕЖБЕ БРОЈ 1   GRAMMAR EXERCISES NO. 1

Put the words in the parentheses into the proper case:
Да ли ви имате (родитељи)? - Не, ја немам (родитељи) али имам (дед и баба).
Шта читате? - Читам (граматичке вежбе) број један.
Имате ли сви (пера)? - Ја немам (перо).
Волите ли ви да живите у (градови) или у (села)? - Ја волим да живим у (градови).
Да ли су ученици у (учионице)? - Не, ученици нису у (учионице) него код куће.
Ко живи у (касарне)? - У (касарне) живе војници.
Зашто служе столице? - На (столице) седимо.
Шта је на (столови)? - На (столови) су књиге.
Ко пита (ученици)? - Учитељ пита (ученици).
Ко слуша (учитељи)? - Ученици слушају (учитељи).
Ко воли (ћерке)? - Мајка и отац воле (ћерке).
Ко воли (синови)? - Родитељи воле (синови).
Ко воли (родитељи)? - Синови и ћерке воле (родитељи).
Треба ли да затворим (врата)? - Да, молим вас да затворите (врата).
На шта ученици стављају (капути)? - Ученици стављају (капути) на (чивилуци).
На што ученици стављају (књиге)? - Ученици стављају књиге на (столови).
На што седају ученици кад уђу у (учионица)? - Они седају на (столице).
Где живе (зец)? - (Зец) живе у (шуме).
Где ви станујете? - Ја станујем у (кућа) на (брдо).
Да ли је и ваша кућа на (брдо)? - Не, моја кућа није на (брдо).
(Колика кућа) има господин Петровић? - Господин Петровић има (велика кућа).
(Каква кућа) има господин Перић? - Господин Перић има (лепа кућа).
(Колики син) има госпођа Поповић? - Она има (велики син).
(Колики речник) имате? - Ја имам (мали) али (добар речник).

(Какав ученик) воли учитељ? - Учитељ воли (марљив) и (パтљив ученик).
(Каква девојка) он има? - Он има (млада) и (лепа девојка).
(Која јавна саобраћајна средства) има Монтереј? - Монтереј има само (аутобус).
(Какве школе) има Калифорнија? - Калифорнија има (добре) и (лепе школе).
(Какво цвеће) ви волите? - Ја волим (лепе руже).
(Који језици) говорите? - Ја говорим (енглески) и (српскохрватски језик).
(Какви ученици) учитељи не воле? - Учитељи не воле (непажљиви ученици).
(Какви аутобуси) имамо у (Монтереј)? - У (Монтереј) имамо (брзи аутобуси).
(Каква пера) треба да имају ученици? - Ученици треба да имају (добра пера).
(Каква јутра) имамо у (Монтереј)? - У (Монтереј) имамо (свежа јутра).
Имате ли (добро перо)? - Да, ја увек имам (добро перо).
Има ли он (велика породица)? - Да, он има (велика породица).
(Ко) треба да слушају млађи? - Млађи треба да слушају (старији).
Знате ли (одговори) на сва питања? - Не, ја не знам (одговори) на сва питања.
Знате ли (њихови синови) и (ћерке)? - Не, је не знам ни (њихови синови) ни (њихове ћерке).

ЧЕТВРТИ ДЕО   PART IV

ШТИВО БРОЈ 1   READING TEXT NO. 1

Војна школа за стране језике

Војна школа за стране језике је у Пресидију. Пресидио је у Монтереју. Монтереј је у држави Калифорнији. Калифорнија је у Америци.

Војна школа за стране језике је наша школа. Ту ми учимо српскохрватски језик.

Пресидио је на брду. Српскохрватско одељење је скоро на самом врху. Српскохрватско одељење има две класе: стару и нову. И стара и нова класа имају разна одељећа: одељење А, одељење Б, одељење Ц.

Ученици станују на разним местима.

Нежењени официри станују у становима за нежењене официре. Жењени официри, подофицири и војници станују по становима или кућама у граду.

Нежењени војници станују у логору.

ПЕТИ ДЕО   PART V
ПИТАЊА ИЗ ШТИВА БРОЈ 1   QUESTIONS ON READING TEXT NO.1

1. Где је Војна школа за стране језике?
2. Где је Пресидио?
3. Где је Монтереј?
4. Где је Калифорнија?
5. Која је наша школа?
6. Где ми учимо српскохрватски језик?
7. Где је српскохрватско одељење?
8. Које класе има српскохрватско одељење?
9. Која одељења има стара класа?
10. Која одељења има нова класа?
11. Која је ваша класа?
12. Које је ваше одељење?
13. Где станују ученици?
14. Где станују нежењени официри?
15. Где станују жењени официри?
16. Где станују жењени војници?
17. Где станују нежењени војници?
18. Где ви станујете?
19. Да ли имате кућу, стан или собу?
20. Да ли волите место где станујете?

ШЕСТИ ДЕО   PART VI
ВЕЗБА ИЗ ПРЕВОЂЕЊА БРОЈ 1   TRANSLATION EXERCISE NO. 1

The Army Language School in Monterey

Our school, the Army Language School, is in the Presidio. The Presidio is in Monterey, California. The school is on the hill, and the Serbo-Croatian Department is on the very top.

I live in (the Bachelor Officers Quarters) (in a house on..............street) (in the barracks). (I am married and

I have children (I am married) (I am not married).

I like to live in Monterey because I like small towns and villages. I do not like city traffic. The bus is our public means of transportation here. The streets of Monterey are wide and nice. I like wide streets.

СЕДМИ ДЕО	PART VII
РЕЧНИК БРОЈ 1	VOCABULARY NO. 1

310. гра̑д, m.
    nom.pl: гра̀дови — town, city
311. при̏јатан, adj.,m.
    при̏јатна, f.
    при̏јатно, n. — pleasant
    при̏јатно, adv. — pleasantly
312. гра̀дски, adj.m. — urban
    гра̀дска, f.
    гра̀дско, n.
313. ја̑ван, adj.m. — public
    ја̑вна, f.
    ја̑вно, n.
    ја̑вно, adv. — publicly
314. са̀обраћајан, adj.m. — traffic
    са̀обраћајна, f.
    са̀обраћајно, n.
315. срѐдство, n. — means
316. са̀обраћајно срѐдство — means of transportation
317. у̀лица, f. — street
318. а̀утобус, m. — bus
319. зар, inter.particle — is it; isn't it
*319. зар, adv. — really
320. па̑мтити, v.,t.,ipfv. — to remember; to memorize
    pr.t: па̑мтим,па̑мтиш,па̑мтӣ
    па̑мтимо,па̑мтите,па̑мте̄
321. запа̑мтити, v.,t.,pfv. — to remember; to memorize
    pr.t: запа̑мтим,запа̑мтиш,запа̑мти
    запа̑мтимо,запа̑мтите,запа̑мте
322. ши̏рок, adj.,m. — wide
    широ̀ка, f.
    широ̀ко, n.
    широ̀ко, adv. — widely
323. станòвати, v.,i.,ipfv. — to reside
    pr.t: ста̀нујēм,ста̀нујēш,ста̀нујē
    ста̀нујēмо,ста̀нујēте,ста̀нујȳ
324. жѝвети, v.,i.,ipfv. — to live
    pr.t: жѝви̑м,жѝви̑ш,жѝви̑
    жѝви̑мо,жѝви̑те,жѝве̄

325. лòгор, m.	– camp
326. стȁн, m.	– apartment
pl: стȁнови	
327. жȅњен, adj., m.	– married (man)
328. нȅжењен, adj., m.	– bachelor
329. пȅшкē, adv.	– on foot
330. стр̑м, adj.	– steep
стр́ма, f.	
стр́мо, n.	
331. млȃд, adj., m.	– young
млáда, f.	
млáдо, n.	
332. во̑јни, adj., m.	– military
во̑јна, f.	
во̑јно, n.	
333. држа̀ва, f.	– state
334. одеље́ње, n.	– department; section
335. са̑м, pron., m.	– the very
са́ма, f.	
са́мо, n.	
336. вр̑х, m.	– top
nom.pl: вр̀хови	
337. кла̏са, f.	– class
338. ра̑зан, adj., m.	– different, various
ра̑зна, f.	
ра̑зно, n.	
ра̑зно, adv.	– differently
339. саобра̀ћај, m.	– traffic

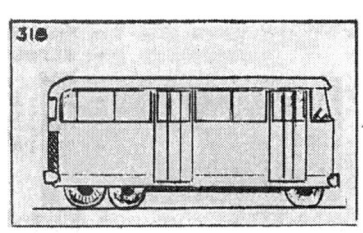

DAILY UNIT II

ПРВИ ДЕО   PART I

ДИЈАЛОГ БРОЈ 2   DIALOGUE NO. 2

Време   Weather

1. Нови ученик: Каква је клима у Калифорнији?

   Старији ученик: Добра је, али не свуда у целој Калифорнији.

2. Н.У: Да ли је време у Монтереју лепо?

   С.У: Јесте, али не увек.

3. Н.У: Зар овде не сија сунце сваки дан?

   С.У: Сија скоро сваки дан, али не (по) цео дан.

4. Н.У: Зашто? Је ли облачно или магловито?

   С.У: И једно и друго.

5. Н.У: Данас је прилично облачно.

   С.У: Јуче је било ведро и сунце је сијало цео дан.

1. New student: What kind of climate is it in California?

   Old student: It is good, but not in all California.

2. N.S: Is the weather in Monterey nice?

   O.S: It is (sometimes), but not always.

3. N.S: Doesn't the sun shine here every day?

   O.S: It shines almost every day, but not all day long.

4. N.S: Why? Is it cloudy or foggy?

   O.S: Both ("the one and the other").

5. N.S: Today it is rather cloudy.

   O.S: Yesterday it was clear and the sun shone all day long.

6. Н.У: Да ли овде пада киша? 6. N.S: Does it rain here?

   С.У: Овде киша пада само зими. O.S: Here, it rains only in the winter.

7. Н.У: Пада ли снег зими? 7. N.S: Does it snow in the winter?

   С.У: У Монтереју не пада, али је често мраз. O.S: In Monterey it doesn't, but there is often frost.

8. Н.У: Каква је била прошла зима? 8. N.S: How ("What kind") was last winter?

   С.У: Била је доста хладна, али киша није много падала. O.S: It was fairly cold, but it didn't rain too much.

9. Н.У: Је ли ветар много дувао? 9. N.S: Did the wind blow a lot?

   С.У: Ветар није дувао, али ми овде обично имамо поветарац и лети и зими. O.S: The wind did not blow, but usually we have here a breeze both in winter and in summer.

10. Н.У: Да ли су лета овде врућа? 10. N.S: Are the summers hot here?

    С.У: Врло ретко. O.S: Very seldom.

11. Н.У: Да ли сте (Јесте ли) већ ишли на плажу? 11. N.S: Have you already been ("gone") to the beach?

    С.У: Ишао сам, али је хладно. O.S: I have, ("I have gone") but it is cold.

12. Н.У: Чуо сам да је овде јесен нарочито лепа. 12. N.S: I heard that the fall is particularly pleasant here.

    С.У: Јесте. А ни пролеће није ружно. O.S: It is. And the spring isn't bad ("ugly") either.

ДРУГИ ДЕО

ГРАМАТИЧКА АНАЛИЗА БРОЈ 2

PART II

GRAMMAR ANALYSIS NO. 2

PAR. 54.- THE COMPOUND PAST TENSE OR THE PERFECT

1. - (5) Јуче је било ведро и сунце је сијало цео дан.
   (8) Каква је била прошла зима?
   (8) Била је доста хладна али киша није много падала.

   The perfect tense is formed from the short forms of the present tense of the auxiliary verb "бити" (сам, си, је, смо, сте, су) plus the active past participle of the verb (био, била, било).

2. - The perfect tense of the auxiliary verb "бити" reads as follows:

Ја сам био,м.,била, ф.	- I was, I have been
Ти си био,м.,била, ф.	- You were, You have been
Он је био	- He was, He has been
Она је била	- She was, She has been
Оно је било	- It was, It has been
Ми смо били,м.,биле, ф.	- We were, We have been
Ви сте били,м.,биле, ф.	- You were, You have been
Они су били	- They were, They have been
Оне су биле	- They were, They have been
Она су била	- They were, They have been

3. - (5) Јуче је било ведро и сунце је сијало цео дан.
   (8) Каква је била прошла зима?
   (8) Била је доста хладна, али киша није много падала.
   (9) Да ли ветар много дувао?
   (9) Ветар није дувао, али ми овде обично имамо поветарац и лети и зими.
   (12) Чуо сам да је овде јесен нарочито лепа.

   If the infinitive stem, which is obtained by dropping "-ти", ends in a vowel, the active past participle is always formed by adding the following endings to the infinitive stem:

	SINGULAR			PLURAL		
	Masculine	Feminine	Neuter	Masculine	Feminine	Neuter
ENDINGS	-о	-ла	-ло	-ли	-ле	-ла
EXAMPLES						
бити	би-о	би-ла	би-ло	би-ли	би-ле	би-ла
имати	има-о	има-ла	има-ло	има-ли	има-ле	има-ла
учити	учи-о	учи-ла	учи-ло	учи-ли	учи-ле	учи-ла
желети	желе-о	желе-ла	желе-ло	желе-ли	желе-ле	желе-ла
чути	чу-о	чу-ла	чу-ло	чу-ли	чу-ле	чу-ла

NOTE: Formation of the active past participle of verbs the infinitive stem of which does not end in a vowel will be explained later. In the meantime the vocabularies will list them.

4. — Петар пита Мару: "Где си била јуче?"
   Peter asks **Mary**: "Where <u>were</u> you yesterday?"
   Мара одговара: "Била сам у школи, а где си ти био"?
   Mary answers: "<u>I was</u> in school, and where were you?"
   Петар: "Ја сам био код куће цео дан."
   Peter: "I was at home all day."
   (9) Је ли ветар много дувао?
   (8) Каква је била прошла зима?
   (5) Јуче је било ведро и сунце је сијало цео дан.
   Учитељ пита ученике: "Зашто нисте научили лекцију"?

   The teacher asks the students: "Why didn't <u>you learn</u> the lesson?"
   Ученици одговарају: "Нисмо учили довољно".
   The students answer: "We did not study enough."
   Мајка пита ћерке: "Кога сте виделе у граду?"
   The mother asks (her) <u>daughters</u>: "Whom did you see in town?"
   Ћерке одговарају: "Виделе смо госпођу Перић и њеног мужа".
   The daughters answer: "We saw Mrs. Peric and her husband."
   Ученици нису научили лекцију, јер нису учили довољно.
   The students did not **learn** the lesson, because they did not study enough.
   Моје ћерке су виделе у вароши госпођу Перић и њеног мужа.
   My <u>daughters</u> saw in town Mrs. Peric and her husband.

The active past participle must agree with the subject in gender and number.

5. — Ученик пита учитеља: "Да ли сте мене питали?"
   The student asks the teacher: "Did <u>you ask</u> me?"
   Господин Перић пита госпођу Марић: "Да ли сте видели моју жену"?
   Mr. Perich asks Mrs. Marich: "Did you see my wife?"

In addressing a person formally the second person plural of the auxiliary verb "бити" and the active past participle masculine gender plural must be used always.

6. — (11) Да ли <u>сте ишли</u> јуче на плажу?
   (11) Ишао сам али је било хладно.

The active past participles of "ићи" are: ишао, ишла, ишло, ишли, ишле, ишла.
Compound verbs based on "ићи" follow the same pattern:
ући: ушао, ушла, ушло, ушли, ушле, ушла
изићи: изишао, изишла, изишло, изишли, изишле, изишла
прећи: прешао, прешла, прешло, прешли, прешле, прешла
отићи, etc: отишао, отишла, отишло, отишли, отишле, отишла

6. - (8) Била је доста хладна, али киша није много падала.
(9) Ветар није дувао, али ми овде обично имамо поветарац и лети и зими.

The compound past tense is made negative by replacing the short forms of the present tense of "бити" with its negative forms:

```
(Ја)  нисам био, m., била, f.    - I was not, I have not been
(Ти)  ниси био, m., била, f.     - You were not, You have not been
(Он)  није био, m.               - He was not, He has not been
(Она) није била, f.              - She was not, She has not been
(Оно) није било, n.              - It was not, It has not been
(Ми)  нисмо били, m., биле, f.   - We were not, We have not been
(Ви)  нисте били, m., биле, f.   - You were not, You have not been
(Они) нису били, m.              - They were not, They have not been
(Оне) нису биле, f.              - They were not, They have not been
(Она) нису била, n.              - They were not, They have not been
```

7. - The interrogative form of the perfect is made:
   a) By using the particle "ли" and the following word order:

Long form of "бити" + ли + subject (if mentioned) + participle:

(11) Јесте   + ли + (ви) + ишли јуче на плажу?

Јесте   + ли + (ви) + видели господина учитеља?
Did you see the teacher?
Јесте   + ли + (ви) + научили лекцију?
Did you learn the lesson?
Јесу   + ли + (они) + затворили врата?
Did they close the door?

b) By using the particles "да ли" and the following word order:

Да ли + short form of "бити" + subject (if mentioned) + participle:

(11) Да ли + сте + (ви) + ишли јуче на плажу?
      Да ли + сте + (ви) + видели господина учитеља?
      Да ли + сте + (ви) + научили лекцију?
      Да ли + су + (они) + затворили врата?

ТРЕЋИ ДЕО   PART III

ГРАМАТИЧКЕ ВЕЖБЕ БРОЈ 2   **GRAMMAR EXERCISES NO. 2**

Put the words in the parentheses into the right form:
Где си био јуче? - Јуче (бити) у (школа).
Јеси ли ти била у (школа)? - Да, и ја (бити) у (школа).
Кад је Петар (бити) овде? - Петар (бити) овде јуче.
Кад је Мара (бити) овде? - Мара (бити) овде јуче.
Какво време (бити) јуче? - Јуче (бити) лепо време.
Где (бити) јуче ви и ваш брат? - Ја и мој брат (бити) јуче у (град).
Где си била ти и твоја ћерка јуче? - Ја и моја ћерка (бити) јуче код куће.
Где (бити) ваши родитељи јуче? - Моји родитељи (бити) јуче у (шума).
А где (бити) ваше сестре јуче? - Моје сестре (бити) такође у (шума) јуче.
Шта је овде било раније? - Овде (бити) села раније.
Да ли си био у (школа) јуче? - Не, јуче (не бити) у (школа).
Зашто ниси био у (школа) јуче? - Јуче (не бити) у (школа) јер (бити) болестан.
Да ли си ти била у (школа) јуче? - Не, ни ја (не бити) у (школа) јуче.
Зашто ти (не бити) у (школа) јуче? - И ја (бити) болесна.
Да ли је Петар (бити) у (школа) јуче? - Не, Петар (не бити) у (школа) јуче.
А да ли је Мара (бити) у (школа) јуче? - Не, ни Мара (не бити) у (школа) јуче.
Зашто ви и ваш брат (не бити) у (школа) јуче? - Ја и мој брат (не бити) у (школа) јуче, јер (бити) болесни.
Зашто ти и твоја сестра нисте биле у (школа) јуче? - Ја и моја сестра (не бити) у (школа) јуче, јер (бити) болесне.
Зашто ваши синови (не бити) у (школа) јуче? - Моји синови (не бити) у (школа) јуче, јер (бити) болесни.
Зашто њихове ћерке (не бити) у (школа) јуче? - Њихове ћерке (не бити) у (школа) јуче јер (бити) болесне.
Да ли су овде раније (бити) села?-Не, овде никад (не бити) села.
Да ли сте (прочитати) цело штиво? - Не, ја још (не прочитати) цело штиво.
Где је он (живети) раније? - Он (живети) раније у Сан Франциску.
Кад је Марко (отићи)? - (Отићи) јуче ујутро.
Шта те (питати) командант? - (Питати) ме је зашто не учим.
Шта сте (учити) јуче? - Јуче смо (учити) (граматика).
Шта си радио јуче? - (Слушати) радио.
Да ли сте добро (спавати)? - Хвала, (спавати) добро.
Где сте (прочитати) то? - (Прочитати) у (граматика).
Да ли си била у (Југославија)? - Не, никад (не бити) у (Југославија).
Да ли је јуче (падати) киша? - (Не падати) киша али је (дувати) ветар.
Да ли сте (спремити) домаћи задатак? - Јесам, (спремити) домаћи задатак.

ЧЕТВРТИ ДЕО

ШТИВО БРОЈ 2

PART IV

READING TEXT NO. 2

Монтерејска клима

У Монтереју је пролеће доста лепо. Није ни вруће ни хладно. Дани су прилично топли и пријатни, али ноћи су врло свеже. Сунце сија врло често и ретко је магловито. Киша не пада.

Лети су дани топли, а и ноћи су често доста топле. Сунце не сија по цео дан и често је магловито. Киша не пада ни лети.

Јесен је нарочито пријатна, јер сунце сија по цео дан и ретко је магловито. Дани су још топли, али ноћи су свеже. Киша не пада ни у јесен.

Зими обично пада киша и често је врло хладно. Нарочито су ноћи хладне, док су дани често топли. Дани су топли само онда кад сија сунце.

Пролеће, лето, јесен и зима су четири годишња доба.

ПЕТИ ДЕО

ПИТАЊА ИЗ ШТИВА БРОЈ 2

PART V

QUESTIONS ON THE READING TEXT NO. 2

1. Какво је пролеће у Монтереју?
2. Да ли је вруће у пролеће?
3. Да ли је хладно у пролеће?
4. Какви су дани у пролеће?
5. Какве су ноћи у пролеће?
6. Да ли је магловито у пролеће?
7. Да ли киша пада у пролеће?
8. Какви су дани лети?
9. Какве су ноћи лети?
10. Да ли сунце сија лети?
11. Да ли је магловито лети?
12. Да ли киша пада лети?
13. Каква је јесен?
14. Да ли је магловито у јесен?
15. Какви су дани а какве ноћи у јесен?

16. Да ли пада киша у јесен?
17. Да ли је хладно зими?
18. Да ли пада киша зими?
19. Какви су дани а какве ноћи зими?
20. Која су четири годишња доба?

ШЕСТИ ДЕО   PART VI

ВЕЖБА ИЗ ПРЕВОЂЕЊА БРОЈ 2   TRANSLATION EXERCISE NO. 2

    Today, I spoke to a student who is in the "old" class. We talked about the weather.

    He has seen the weather here in the winter and in the spring. I asked how last winter was. It didn't rain much and the wind didn't blow, but it was fairly cold. They often had frost.

    Now it is summer, and it is not hot, but cool. It is very pleasant. Today it is cloudy, but yesterday the sun shone all day long and it was very nice.

СЕДМИ ДЕО   PART VII

РЕЧНИК БРОЈ 2   VOCABULARY NO. 2

```
*274. врéме, n.                        - weather
         pl: времéна, gen.sing: времéна
 340. клѝма, f.                        - climate
 341. сѝјати, v., i., ipfv.            - to shine
         pr.t: сѝјам, сѝјаш, сѝја
               сѝјамо, сѝјате, сѝјају
 342. сýнце, n.                        - sun
 343. свȁки, pron., m.                 - each, every
         свȁка, f.
         свȁко, n.
 344. облȁчан, adj., m.                - cloudy
         облȁчна, f.
         облȁчно, n.
```

345. магловит, adj., m.   - foggy
     магловита, f.
     магловито, n.
346. ведар, adj., m.   - clear, serene
     ведра, f.
     ведро, n.
347. падати, v., 1., ipfv.   - to fall
     pr.t: падам, падаш, пада
           падамо, падате, падају
348. пасти, v., 1., pfv.   - to fall
     pr.t: паднем, паднеш, падне
           паднемо, паднете, падну
     a.p.p: пао, m., пала, f., пало, n. - fallen
349. киша, f.   - rain
350. зима, f.   - winter
351. зими, adv.   - in winter
352. снег, m., nom.pl: снегови   - snow
353. мраз, m.   - frost
     nom.pl: мразови
354. прошли, adj., m.   - past
     прошла, f.
     прошло, n.
355. хладан, adj., m.   - cold
     хладна, f.
     хладно, n.
     хладно, adv.   - coldly
356. дувати, v., 1., ipfv.   - to blow
     pr.t.: дувам, дуваш, дува
           дувамо, дувате, дувају
357. дунути, v., 1., pfv.   - to blow
     pr.t.: дунем, дунеш, дуне
           дунемо, дунете, дуну
358. поветарац, m.   - breeze
     pl: поветарци
     gen.pl: поветараца
359. лето, n.   - summer
360. лети, adv.   - in summer
361. врућ, adj., m.   - hot
     врућа, f.
     вруће, n.
362. топао, adj., m.   - warm
     топла, f.
     топло, n.
     топло, adv.   - warmly
363. плажа, f.   - beach
364. море, n.   - sea
365. пролеће, n.   - spring
366. ружан, adj., m.   - ugly
     ружна, f.
     ружно, n.
     ружно, adv.   - in an ugly way
367. свеж, adj., m.   - fresh, cool
     свежа, f.
     свеже, n.
     свеже, adv.   - freshly

368. го̀дишн̄й, adj.,m.   – annual, yearly
      го̀дишња, f.
      го̀дишње, n.
369. до̂ба, n.   – time (period)
      го̀дишње до̂ба   – season (of year)

DAILY UNIT III

ПРВИ ДЕО

ДИЈАЛОГ БРОЈ 3

PART I

DIALOGUE NO. 3

Природа / Nature

1. **Наставник**: Где људи живе?

   Ученик: Људи живе по __разним__ местима на земљи.

2. **Наст**: Где ми сада живимо?

   Уч: Ми сада живимо у __лепој__ Калифорнији.

3. **Наст**: У ком (__којем__) __делу__?

   Уч: У једном лепом __свежем__ __пределу__ где је ваздух збиља диван.

4. **Наст**: Где сте ви __живели__ раније?

   Уч: Ја сам __живео__ у Тексасу, где је ваздух добар, али је вруће као у __котлу__.

1. **Instructor**: Where do men live?

   Student: Men live in __various__ places on earth.

2. **Inst**: Where do we live now?

   St: We now live in __beautiful__ California.

3. **Instr**: In which __part__?

   St: In a __beautiful__ __cool__ __region__ where the air is really wonderful.

4. **Instr**: Where __did you live__ before?

   St: __I lived__ in Texas where the air is good but it is as hot as in a furnace ("__a boiler__").

5. **Наст:** Значи, ви волите калифорниско небо?

   Уч: Да, али само онда кад на <u>том</u> небу видим сунце.

6. **Наст:** Зар нису овде облаци лепи кад су сасвим <u>бели</u>?

   Уч: Можда, али ја волим да видим дању сунце, а ноћу месец и звезде.

7. **Наст:** Ви волите природу.

   Уч: Да, нарочито <u>дрвеће</u> и <u>цвеће</u>.

8. **Наст:** Које дрво и који цвет ви нарочито волите?

   Уч: Волим храст и ружу.

9. **Наст:** Шта видимо на храсту кад је лето?

   Уч: На храсту лети видимо <u>лишће</u>.

10. **Наст:** Има ли ружа <u>лишће</u>?

    Уч: Да, ружа има мале листове.

5. <u>Instr</u>: That means you like the Californian sky.

   <u>St</u>: Yes, but only then when I see the sun in <u>that</u> sky.

6. <u>Instr</u>: Aren't the clouds beautiful here when they are all ("quite") <u>white</u>?

   <u>St</u>: Perhaps, but in the day time I like to see the sun and at night the moon and the stars.

7. <u>Instr</u>: You like nature.

   <u>St</u>: Yes, particularly <u>trees</u> and <u>flowers</u>.

8. <u>Instr</u>: What tree and what flower do you like in particular?

   <u>St</u>: I like the oak and the rose.

9. <u>Instr</u>: What do we see on the oak when it is summer.

   <u>St</u>: On the oak in the summer we see <u>leaves</u>.

10. <u>Instr</u>: Does the rose have <u>leaves</u>?

    <u>St</u>: Yes, the rose has small leaves.

ДРУГИ ДЕО   PART II

ГРАМАТИЧКА АНАЛИЗА БРОЈ 3   GRAMMAR ANALYSIS NO. 3

PAR. 55 - THE LOCATIVE SINGULAR OF ADJECTIVES

1. На младу човеку сваки капут је леп.
   On a young man every coat is nice.
   Ја више волим да живим на мору него на високу брду.
   I'd rather ("prefer to") live by the sea than on a high hill.

The locative singular indefinite form of all masculine and neuter adjectives is made by adding the ending "-у" to the stem:

   Nom.sing.masc:млад   stem:млад-   loc.sing:млад-у
                 висок   висок-   висок-у
   Nom.sing.neuter:младо stem:млад-   loc.sing:млад-у
                 високо   висок-   висок-у

2. - (3) У једном лепом свежем пределу где је ваздух збиља диван.
   Шта има ново у вашем малом граду?
   What is new in your little town?
   Југославија је на Балканском Полуострву.
   Yugoslavia is on the Balkan Peninsula.

The locative singular definite form of masculine and neuter adjectives is made:

a) If the stem does not end in a palatal consonant, by adding the ending "-ом" to the stem:

   Nom.sing.masc:леп   neuter:лепо   stem:леп-
               мали   мало   мал-
               балкански   балканско   балканск-
   loc.sing:леп-ом, мал-ом, балканск-ом

b) If the stem ends in a palatal consonant by adding the ending "-ем" to the stem:

   Nom.sing.masc:свеж   neuter:свеже   stem:свеж   loc.sing:свеж-ем

3. - (2) Ми сада живимо у лепој Калифорнији.
   Шта смо учили у прошлој лекцији?
   What did we study in the last lesson?

The locative singular of all feminine adjectives is formed by adding the ending "-ој" to the stem:

   Nom.sing:лепа   stem:леп-   loc.sing:леп-ој
             прошла   прошл-   прошл-ој

PAR. 56 - THE LOCATIVE PLURAL OF ADJECTIVES

(1) Људи живе по разним местима на земљи.
Војници спавају на војничким креветима.
Soldiers sleep on army cots.
Американци живе у великим градовима.
The Americans live in big cities.
Југословени живе у малим градовима и селима.
The Yugoslavs live in small cities and villages.
Није добро спавати у сувише топлим собама.
It is not good to sleep in rooms (that are) too warm.

The locative plural of **all adjectives** is formed by adding the ending "**-им**" to the stem:

Nom.sing.masc:	разан	stem:	разн-	loc.pl:	разн-им
	војнички		војничк-		војничк-им
	велик		велик-		велик-им
	мали		мал-		мал-им
	топао		топл-		топл-им

NOTE: The declension ending of adjectival pronouns and ordinal numerals are the same as the declension endings of adjectives:

(3) У ком (којем) делу?
(5) Да, али само онда кад на том небу видим сунце.

PAR. 57 - FINAL "Л" AND "О"

1. - (3) У ком (којем) делу?
   (3) У једном лепом свежем пределу где је ваздух обиља диван.
   (4) Ја сам живео у Тексасу, где је ваздух добар, али је вруће као у котлу.

The nominative singular of some nouns ends in "-о" which is preceded by a vowel (део, предео, котао, etc.). This final "о" came from the former "л", which is retained in all other cases. Consequently, the stem of all such nouns is obtained by changing the final "о" into "л":

Nom.sing:	део	stem:	дел-
	предео		предел-

But if the final "о" is preceded by the vowel "а", the "а" is movable and the stem is obtained by omitting the "а" and by changing "о" into "л":

Nom.sing:	котао	stem:	котл-

Some of these nouns are of masculine and some of feminine gender. The declension ings for masculine nouns of this group are the same as the declension endings of other masculine nouns. The declension of feminine nouns of this group will be explained later.

NOTE: The nouns "соко" (falcon), "во" (ox), "сто" (table) and "со" (salt) read once "сокол", "вол", "стол" and "сол". The final "л" was changed into "о" and at the end there were two "оо". As there are no double vowels in Serbo-Croatian these two "о's" coalesced into one very long "ō". The stems of these nouns are: "сокол-", "вол-", "стол-", "сол-".

    2. - (6) Зар нису овде облаци лепи кад су сасвим <u>бели</u>?
           Ја не волим да спавам у <u>топлој</u> соби.
           I do not like to sleep in <u>a hot</u> room.

The final "о" which in the nominative singular indefinite form of certain masculine adjectives is preceded by a vowel (бео, топао), came also from the former final "л". This "о" is changed into "л" in all other forms and cases of such adjectives. The stem of such adjectives is obtained by changing "о" into "л"; if "а" precedes the final "о", it is omitted to form the stem:

    Nom.pl: бео   stem: бел-
             топао   топл-

    3. - (4) Где сте ви <u>живели</u> раније?
        (4) Ја сам <u>живео</u> у Тексасу.

The final "о" in the masculine gender of the active past participle (Par 55), which came also from former final "л", is replaced by "л" in all other forms (живео, живела, живело, живели, живеле, живела).

PAR. 58 - COLLECTIVE NOUNS

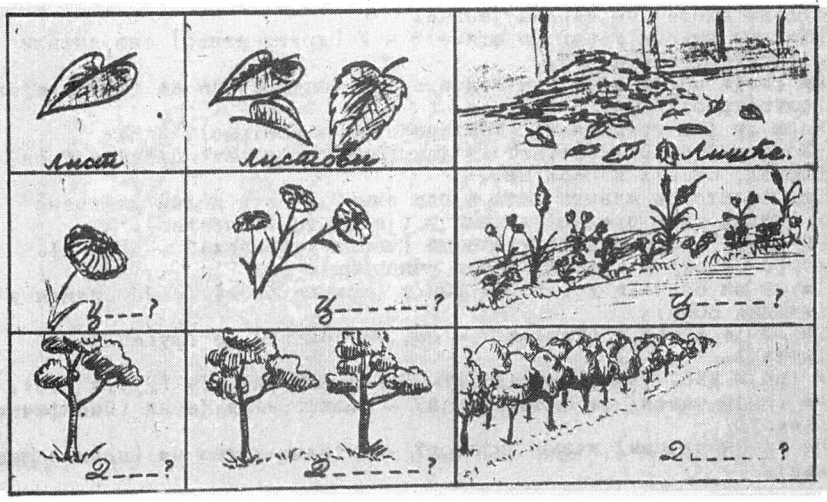

(7) Да, нарочито <u>дрвеће</u> и <u>цвеће</u>.
(9) На храсту лети видимо <u>лишће</u>.
(10) Има ли ружа <u>лишће</u>?

Singular nouns which name a number of like beings or objects are called collective nouns (дрвеће, цвеће, лишће).
Serbo-Croatian collective nouns which end in "-е" (дрвеће, цвеће, лишће, etc) are of neuter gender and follow the rules for neuter gender nouns, except that they, as well as other collective nouns, usually do not have plural forms:

Дрвеће је зелено. — The trees are green
Цвеће је лепо.   — The flowers are nice.

ТРЕЋИ ДЕО   PART III

ГРАМАТИЧКЕ ВЕЖБЕ БРОЈ 3   GRAMMAR EXERCISES NO. 3

Put the words in the parentheses into the proper form:
У (који град) ви живите? - Ја живим у (стари град Монтереј).
У (која кућа) ви станујете? - Станујем у (једна лепа кућа) на (оно стрмо брдо).
У (чија кућа) ви станујете? - Ми станујемо у (његова кућа).
Где је ваша кућа? - Наша кућа је у (лепи и велики град Сан Франциско).
У (која лекција) смо то учили? - То смо учили у (прва лекција).
Да ли знате шта смо учили у (прошла лекција)? - Да, ја знам шта смо учили у (прошла лекција).
У (које штиво) сте то прочитали? - Ја сам то прочитао у (треће штиво).
Шта смо читали у (прво штиво)? - У (прво штиво) смо читали о (Војна школа) за стране језике.
Шта смо читали у (друго штиво)? - У (друго штиво) смо читали о (монтерејска клима).
На (које полуострво) је Монтереј? - Монтереј је на (Монтерејско Полуострво).
Који су још градови на (Монтерејско Полуострво)? - На (Монтерејско Полуострво) су још (овај) градови: Пасифик Гров, Кармел, Сисајд и Пебл Бич.
Где волите да живите лети а где зими? - Лети волим да живим у (један свеж предео) а зими у (један топао предео).
Да ли је добро седети у сувише (топла учионица)? - Не, није добро седети у сувише (топла учионица).
Да ли ви спавате у (топла) или у (хладна соба)? - Ја спавам у (хладна соба).
Да ли је вруће у (Тексас)? - Да, у (Тексас) је вруће као у (котао).
У (који део) учимо граматику?- Граматику учимо у (други део).
На (који океан) је Калифорнија? - Калифорнија је на (Пацифички Океан).
На (који часови) учимо дијалог? - Дијалог учимо на (први и шести час).

На (какви кревети) спавају војници? - Војници спавају на
(војнички кревети).
У (колике куће) станују људи у (Њујорк)? - Људи у (Њујорк)
станују у (велике куће).
Да ли људи у (Монтереј) станују у (велике куће)? - Не, људи
у (Монтереј) станују у (мале куће).
У (какве куће) станују људи у (Америка)? - Људи у (Америка)
станују у (лепе куће).
Да ли (сав) Американци живе у (велики градови)? - Не, (сав)
Американци не живе у (велики градови).
У (какви градови) живе Југословени? - Југословени живе у (мали
градови).
Да ли (сав) Југословени живе у (мали градови)? - Не, (сав)
Југословени не живе у (мали градови).
Где живе Југословени који не живе у (градови)? - Југословени
који не живе у (градови) живе у (мала) али (лепа села).
Цвеће (је, су) (лепо, лепа).
(Овај, Ова, Ово) лишће (је, су) (свеж, свежа, свеже).
(Онај, Она, Оно) дрвеће (је, су) (леп, лепа, лепо).

ЧЕТВРТИ ДЕО

ШТИВО БРОЈ 3

PART IV

READING TEXT NO. 3

Монтерејско Полуострво

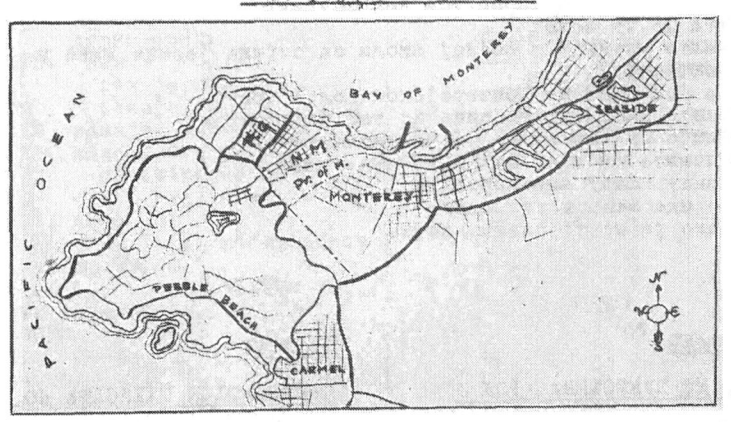

На Монтерејском Полуострву су: Монтереј, Сисајд, Орд
Вилеџ, Форт Орд, Пресидио, Ку Монтереј, Пасифик Гров, Пебл

Бич и Кармел. Све су ово мала али дивна места.

Клима на овом малом полуострву на Пацифичком Океану је врло пријатна. Никад није ни вруће ни хладно. Природа је ту врло лепа. Све је лепо: брда, шуме, дрвеће, цвеће, плаво море и ведро плаво небо.

Ученици у Војној школи за стране језике живе у Монтереју, јер је ту њихова школа. Али многи други, који нису војници, живе ту, јер мисле да је то леп предео.

Кармел има лепу плажу. Лети многи иду на ту плажу. Лети је сунце топло, али је море хладно.

ПЕТИ ДЕО	PART V
ПИТАЊА ИЗ ШТИВА БРОЈ 3	QUESTIONS ON THE READING TEXT NO. 3

1. Која су места на Монтерејском Полуострву?
2. Каква су та места?
3. На коме океану је Монтерејско Полуострво?
4. Каква је клима на том полуострву?
5. Зашто је та клима пријатна?
6. Каква је природа на том полуострву?
7. Шта је ту лепо?
8. Зашто ученици у Војној школи за стране језике живе у Монтереју?
9. Ко још живи на Монтерејском Полуострву?
10. Зашто многи други живе на том полуострву?
11. Зашто они мисле да је то леп предео?
12. Мислите ли и ви да је то леп предео?
13. Какву плажу има Кармел?
14. Ко иде лети на ту плажу?
15. Како је на тој плажи лети?

ШЕСТИ ДЕО	PART VI
ВЕЖБА ИЗ ПРЕВОЂЕЊА БРОЈ 3	TRANSLATION EXERCISE NO. 3

Nature

Today in class, we spoke about nature.

I love nature. When I go out, I like to see the sun in a clear sky, and the moon and the stars at night. I like to see the blue sea. I like to see trees in the forest and flowers everywhere. An old oak is a beautiful tree, and the little rose is a beautiful flower.

It is wonderful to live on the Monterey Peninsula where nature is so beautiful. We are right on the Pacific Ocean ("on the very ocean"). I like this fresh air and this cool weather. I think and I work easily.

СЕДМИ ДЕО — PART VII

РЕЧНИК БРОЈ 3 — VOCABULARY NO. 3

370. природа, f. — nature
371. земља, f. — earth
372. предео, m. — region
    gen.sing: предела
    pl: предели
373. ваздух, m. — air
374. диван, adj., m. — wonderful
    дивна, f.
    дивно, n.
    дивно, adv. — wonderfully
375. ранији, adj., m. — earlier
    ранија, f.
    раније, n.
    раније, adv. — earlier, before
376. котао, m. — boiler
    gen.sing: котла
    pl: котлови
377. небо, n. — sky, heaven
    pl: неба, небеса
378. облак, m. — cloud
    pl: облаци
379. дању, adv. — in the daytime
380. ноћу, adv. — at (by) night
381. месец, m. — moon
382. звезда, f. — star
383. дрвеће, n., coll. — trees
384. цвеће, n., coll. — flowers
385. дрво, n. — tree
    gen.sing: дрвета
    pl: дрвета

386. цвет, m.   - flower
     nom.pl: цветови
387. храст, m.   - oak
     nom.pl: храстови
388. ружа, f.   - rose
389. лишће, n., coll.   - leaves
390. лист, m.   - leaf
     nom.pl: листови

391. полуострво, n.   - peninsula
392. Пацифички, adj., m.   - Pacific
     пацифичка, f.
     пацифичко, n.
393. океан, m.   - ocean
394. Пацифички Океан, n.   - Pacific Ocean
395. плав, adj., m.   - blue
     плава, f.
     плаво, n.
     плаво, adv.   - blue
185. многи, pron., m.   - many
     многа, f.
     много, n.

|140|

DAILY UNIT IV

ПРВИ ДЕО   PART I

ДИЈАЛОГ БРОЈ 4   DIALOGUE NO. 4

О животињама   About animals

1. **Наставник:** Имате ли ви   1. **Instructor:** Do you have a
   пса?   dog?

   Уч: Да, ми имамо код куће   **Student:** Yes, we have an
   једног старог пса.   old dog at home.

2. **Наст:** Колико је стар ваш   2. **Instr:** How old is your
   пас?   dog?

   Уч: Наш пас је прилично стар,   **Stu:** Our dog is fairly old,
   али не знамо тачно колико.   but we do not know exactly
                                            how old ("how much").

3. **Наст:** Волите ли ви псе?   3. **Instr:** Do you like dogs?

   Уч: Волим. Они су храбри и   **Stu:** I do ("I like"). They
   верни.   are courageous and faithful.

4. **Наст:** Да, то су њихове главне   4. **Instr:** Yes, those ("that")
   особине.   are their main qualities.

   Уч: Ја имам такође мачку.   **Stu:** I also have a cat.

5. **Наст:** Које су њене главне   5. **Instr:** What are her main
   особине?   qualities?

	Уч: Моја мачка је обазрива и чиста.		Stu: My cat is cautious and clean.
6.	Наст: Ко има коња?	6.	Instr: Who has a horse?
	Уч: Ја имам коња.		Stu: I have a horse.
7.	Наст: Какав је ваш (твој) коњ?	7.	Instr: What sort (of a horse) is your horse?
	Уч: Он је племенита животиња.		St: He is a noble animal.
8.	Наст: Да, то је његова главна особина.	8.	Instr: Yes, that is his main quality.
	Уч: Да ли се каже на српскохрватском "веран као пас"?		Stu: Does one say in Serbo-Croatian "as faithful as a dog"?
9.	Наст: Каже се. А за човека који много ради каже се "ради као коњ".	9.	Instr: One does. And of ("for") a man who works much one says "he works like a horse".
	Уч: Шта се још каже?		Stu: What else does one say?
10.	Наст: На пример, каже се: "лукав као лисица".	10.	Instr: For instance, one says: "as sly as a fox".
	Уч: Да ли се каже: "брз као јелен"?		Stu: Does one say "as swift ("fast") as a deer"?
11.	Наст: Да, и такође се каже "хладан као змија".	11.	Instr: Yes, and one says also "as cold as a snake".
	Уч: Шта се још каже?		Stu: What else does one say?
12.	Наст: Каже се и много друго, али ово је доста за данас.	12.	Instr: One says many other things ("much other"), but this is enough for today.

ДРУГИ ДЕО

ГРАМАТИЧКА АНАЛИЗА БРОЈ 4

PART II

GRAMMAR ANALYSIS NO. 4

PAR. 59 - POSSESSIVE PRONOUNS —

The possessive <u>adjectives</u> in English are: <u>my</u> ; <u>your</u>; <u>his</u>, <u>her</u>, <u>its</u>; <u>our</u>; <u>their</u>. They are used <u>only before</u> a noun (<u>my dog</u>). The English possessive <u>pronouns</u> are <u>mine</u>; <u>yours</u>; <u>his</u>, <u>hers</u>, <u>its</u>; <u>ours</u>; <u>theirs</u>. They are <u>not</u> used before a noun.
In Serbo-Croatian, <u>one</u> set of words corresponds to <u>both</u> these sets in English, that is, the Serbo-Croatian equivalent are both possessive adjectives and possessive pronouns. Whether adjectives or pronouns, they must agree in gender, number and case, with the nouns they refer to.

1. my, mine   — мој, m., моја, f., моје, n.
2. thy, thine — твој, m., твоја, f., твоје, n.
3. his   — његов, m., његова, f., његово, n.
4. her, hers   — њен (њезини), m., њена (њезина), f., њено /(њезино) n.
5. our, ours   — наш, m., наша, f., наше, n.
6. your, yours — ваш, m., ваша, f., ваше, n.
7. their, theirs — њихов, m., њихова, f., њихово, n.

The Serbo-Croatian possessive pronouns are adjectival pronouns.

1. - (5) <u>Моја</u> мачка је обазрива и чиста.
         <u>Мој</u> отац је официр.
         <u>My</u> father is an officer.
         <u>Моја</u> мајка је у граду.
         <u>My</u> mother is in town.
         <u>Моји</u> родитељи су стари.
         <u>My</u> parents are old.

The masculine and neuter gender stem is either "мој-" or "м-". The stem "м" is used only in singular.
The feminine gender stem is "мој-".

2. - (7) Какав је <u>твој</u> коњ?
         Где је <u>твоја</u> сестра?
         Where is <u>your</u> sister?
         Је ли то <u>твоје</u> перо?
         Is that <u>your</u> pen?
         Где су <u>твоје</u> књиге?
         Where are <u>your</u> books?

The masculine and neuter gender stem is either "твој-" or "тв-". The stem "тв" is used only in singular.
The feminine gender stem is "твој-".

3. - (8) Тачно. То је <u>његова</u> главна особина.
         Који чешаљ је <u>његов</u>?
         Which comb is <u>his</u>?

Је ли ово његово дете?
Is this his child?
Шта раде његови родитељи?
What do his parents do?

The stem for all three genders is "његов-".

4. — Њен муж је мој брат.
Her husband is my brother.
Њена сестра је у Југославији.
Her sister is in Jugoslavia.
Њено дете не иде у школу.
Her child does not go to school.
(5) Које су њене особине?

The stem for all three genders is "њен-" or "њезин-".

5. — (2) Наш пас је прилично стар, али не знамо тачно колико.
Наша учионица је мала.
Our classroom is small.
Наше штиво није тешко.
Our reading text is not difficult.
Наши наставници су Југословени.
Our teachers are Jugoslavs.

The stem for all three genders is "наш-".

6. — (2) Колико је стар ваш пас?
Како је ваша мајка?
How is your mother?
Да ли је ваше перо добро?
Is your pen good?
Како су ваши родитељи?
How are your parents?

The stem for all three genders is "ваш-".

7. — (4) Да, то су њихове главне особине.
Њихов отац је мој командант.
Their father is my commandant.
Њихова кућа је на брду.
Their house is on the hill.
Ми станујемо у њиховој кући.
We live in their house.

The stem for all three genders is "њихов-".

PAR. 60 — THE ENGLISH POSSESSIVE PRONOUN "ITS"

Ја волим овај град јер су његове улице широке и чисте.
I like this town because its streets are wide and clean.
Ја не волим ово перо јер је његов врх оштар.
I do not like this pen because its point is too sharp.

Ово је <u>ружа</u>; <u>њени</u> листови су мали а <u>њени</u> цветови су лепи. This is a <u>rose</u>; <u>its</u> leaves are small and <u>its</u> flowers are nice.

There is no particular counterpart for the English possessive adjective or pronoun "its". It is translated by "његов, његова, његово" if the possessor is of masculine (град - његове улице) or neuter gender (перо - његов врх) and by "њен, њена, њено" or "њезин, њезина, њезино" if the possessor is of feminine gender (ружа - њени листови, њени цветови).

PAR. 61 - REVIEW OF DECLENSION ENDINGS

We have learned the following declension endings:
1. **Nouns:**

CASE \ GENDER		MASCULINE	FEMININE	NEUTER
SINGULAR				
NOMINATIVE		Any consonant	-а	-е or -о
ACCUSATIVE	Animate	-а	-у	Same as the nominative
	Inanimate	Same as the nominative		
LOCATIVE		-у	-и	-"у"
PLURAL				
NOMINATIVE		-и	-е	-а
ACCUSATIVE		-е	-е	-а
LOCATIVE		-има	-ама	-има

	MASCULINE		Feminine	Neuter	Neuter
	Animate	Inanimate			
Nom.sing.	официр	прозор	жена	мест-о	мор-е
Acc.sing.	официр-а	прозор	жен-у	мест-о	мор-е
Loc.sing.	официр-у	прозор-у	жен-и	мест-у	мор-у
Nom.pl.	официр-и	прозор-и	жен-е	мест-а	мор-а
Acc.pl.	официр-е	прозор-е	жен-е	мест-а	мор-а
Loc.pl.	официр-има	прозор-има	жен-ама	мест-има	мор-има

2. - Adjectives, adjectival pronouns and ordinal numerals.
a) The stem does not end in a palatal consonant:

CASE \ GENDER & FORM	MASCULINE		FEMININE	NEUTER	
	INDEFINITE	DEFINITE	INDEF. & DEF.	INDEF.	DEFIN.
SINGULAR					
NOMINATIVE	Any consonant	-и	-а	-о	-о
ACCUSATIVE Animate	-а	-ог	-у	-о	-о
ACCUSATIVE Inanimate	Same as the nominative				
LOCATIVE	-у	-ом	-ој	-у	-ом
PLURAL					
NOMINATIVE	-и		-е	-а	
ACCUSATIVE	-е		-е	-а	
LOCATIVE	-им		-им	-им	

b) The stem ends in a palatal consonant:

CASE	MASCULINE INDEF.	MASCULINE DEF.	FEMININE	NEUTER INDEF.	NEUTER DEF.
SINGULAR					
NOMINATIVE	Any consonant	-и	-а	-е	-е
ACCUSATIVE Animate	-а	-ег	-у	-е	-е
ACCUSATIVE Inanimate	Same as the nominative				
LOCATIVE	-у	-ем	-ој	-у	-ем
PLURAL					
NOMINATIVE	-и		-е	-а	
ACCUSATIVE	-е		-е	-а	
LOCATIVE	-им		-им	-им	

```
MASCULINE:   Indefinite   Definite          Indefinite     Definite
Nom.sing.    леп                            леп-и )        врућ           врућ-и
Acc.sing.    леп-а )      леп-ог )          врућ-а         врућ-ег
Loc.sing.    леп-у        леп-ом            врућ-у         врућ-ем
Nom.pl.                   леп-и                            врућ-и
Acc.pl.                   леп-е                            врућ-е
Loc.pl.                   леп-им                           врућ-им

FEMININE:    Indefinite & Definite          Indefinite & Definite
Nom.sing.                 леп-а                            врућ-а
Acc.sing.                 леп-у                            врућ-у
Loc.sing.                 леп-ој                           врућ-ој
Nom.pl.                   леп-е                            врућ-е
Acc.pl.                   леп-е                            врућ-е
Loc.pl.                   леп-им                           врућ-им

NEUTER       Indefinite   Definite          Indefinite     Definite
Nom.sing.    леп-о        леп-о             врућ-е         врућ-е
Acc.sing.    леп-о        леп-о             врућ-е         врућ-е
Loc.sing.    леп-у        леп-ом            врућ-у         врућ-ем
Nom.pl.                   леп-а                            врућ-а
Acc.pl.                   леп-а                            врућ-а
Loc.pl.                   леп-им                           врућ-им
```

1). If a masculine adjective either indefinite or definite form modifies a inanimate noun the accusative is the same as the nominative.

ТРЕЋИ ДЕО   PART III

ГРАМАТИЧКЕ ВЕЖБЕ БРОЈ 4   GRAMMAR EXERCISES NO. 4

Choose the right word in the parentheses:
Да ли је (твој,твоја,твоје or: ваш,ваша,ваше) отац стар? -
Не,(мој,моја,моје) отац није (стар,стари) него (млад,млади).
(Какав,Каква,Какво) је (твој,твоја,твоје or: ваш,ваша,ваше)
перо? - (Мој,Моја,Моје) перо је (нов,нова,ново).
Да ли је она књига на столу (твој,твоја,твој or: ваш,ваша,
ваше)? - Да, она књига на столу је (мој,моја,моје).
Да ли су (твоји,твоје,твоја or: ваши,ваше,ваша) родитељи
стари? - Не, (моји,моје,моја) родитељи нису стари.
Где су (твоји,твоје,твоја or: ваши,ваше,ваша) сестре? - (Моји,
Моје,Моја) сестре су у школи.
Да ли су (твоји,твоје,твоја or: ваши,ваше,ваша) пера нова? -
Не, (моји,моје,моја) пера нису нова али су добра.
Ко је (његов,његова,његово) учитељ? - (Његов,Његова,Његово)
учитељ је господин Перић.
(Који,Које,Која) жена је (његов,његова,његово) мајка? - (Онај,
Она,Оно) жена на вратима је (његов,његова,његово) мајка.
Да ли је ово перо (његов,његова,његово)? - Не, то перо није
(његов,његова,његово) него (мој,моја,моје).
Шта су (његови,његове,његова) синови? - (Његови,Његове,Његова)
синови су војници.
Где су (његови,његове,његова) ћерке? - (Његови,Његове,Његова)
ћерке су у Сан Франциску.
(Који,Која,Које) пера су (његови,његова,његове)? - (Ови,Ове,
Ова) пера су (његови,његове,његова).
Шта је (њен,њена,њено) отац? - (Њен,Њена,Њено) отац је
пуковник.
Шта је (њен,њена,њено) сестра? - (Њен,Њена,Њено) сестра је
ученица.
(Који,Које,Која) место је (њен,њена,њено)?-(Овај,Ова,Ово) место
је (њен,њена,њено).
Да ли је ово (ваш,ваша,ваше) кућа? - Да, то је (наш,наша,наше)
кућа.
Да ли је (онај,она,оно) господин (ваш,ваша,ваше) отац? - Не,
(онај,она,оно) господин није (наш,наша,наше) отац.
Да ли је ово (ваш,ваша,ваше) цвеће? - Не, то није (наш,наша,
наше) цвеће.
Где живе (ваши,ваше,ваша) родитељи? - (Наши,Наше,Наша) родитељи
живе у Њујорку.
Да ли (ваши,ваше,ваша) сестре живе такође у Њујорку? - Не,
(наши,наше,наша) сестре не живе у Њујорку него у Монтереју.
Ко је (њихов,њихова,њихово) командант? - (Њихов,Њихова,Њихово)
командант је пуковник г. Смит.
Где је (њихов,њихова,њихово) мајка? - (Њихов,Њихова,Њихово)
мајка је у Југославији.
(Колики,Колика,Колико) је (њихов,њихова,њихово) дете? -
(Њихов,Њихова,Њихово) дете је велико.
Ко су тај човек и та жена, а ко су они младићи? - Овај човек и
ова жена су господин и госпођа Петровић, а они младићи су
(њихови,њихове,њихова) синови.

Ја волим да живим у Монтереју, јер (његов,његова,његово,њен, њена,њено) клима није ни хладна ни врућа.
Ово је ружа,(њени,њене,њена,његови,његове,његова) листови су мали, а (њени,његови) цветови лепи.

ЧЕТВРТИ ДЕО	PART IV
ШТИВО БРОЈ 4	READING TEXT NO. 4

Животиње

Пас, мачка и коњ су домаће животиње.

Лисица, јелен и змија, као и многе друге животиње, су дивље животиње.

Друге домаће животиње су: мазга, магарац, крава, овца, коза. И многе птице су домаће животиње. Орао је дивља птица.

Дивље животиње живе по шумама. Домаће животиње живе по селима и градовима.

Рибе живе у води. Неке змије, као и друге неке животиње, живе и у води и на земљи. Птице видимо како у ваздуху, тако и на земљи.

ПЕТИ ДЕО	PART V
ПИТАЊА ИЗ ШТИВА БРОЈ 4	QUESTIONS ON THE READING TEXT NO. 4

1. Какве су животиње пас, мачка и коњ?
2. Шта знате о псу?
3. Шта знате о мачки?
4. Шта знате о коњу?
5. Какве су животиње лисица, јелен и змија?
6. Шта знате о лисици?
7. Шта знате о јелену?
8. Шта знате о змији?
9. Које друге домаће животиње знате?
10. Шта знате о мазги?
11. Која је птица дивља животиња?
12. Да ли су све птице дивље животиње?
13. Где живе дивље животиње?
14. Где живе домаће животиње?

15. Где живе рибе?
16. Где живе змије?
17. Где живе птице?
18. Које домаће животиње имате ви код куће?
19. Да ли сте видели дивље животиње у Пресидију?
20. Које дивље животиње сте видели ту?

ШЕСТИ ДЕО	PART VI
ВЕЖБА ИЗ ПРЕВОЂЕЊА БРОЈ 4	TRANSLATION EXERCISE NO. 4

Today in school, we spoke about animals. I like animals, I mean (мислити) domestic animals. I like some wild animals too, but not all. Some are really wild.

I like dogs in particular. They are so faithful and so courageous. For instance, my dog, if someone wants to enter my house, he has to see my dog first. And if my dog doesn't like the (that) man, well.... you know what I mean. My dog, your dog, his dog, all dogs are like that.

Now the cats have good qualities too. I like those qualities of theirs, but I do not like cats. I think they are a little sly. They are seldom noble.

СЕДМИ ДЕО	PART VII
РЕЧНИК БРОЈ 4	VOCABULARY NO. 4

396. животиња, f. — animal
397. храбар, adj., m. — courageous
     храбра, f.
     храбро, n.
     храбро, adv. — courageously
398. веран, adj., m. — faithful
     верна, f.
     верно, n.
     верно, adv. — faithfully
*86. стар, adj., m., стара, f. — old
     старо, n.

399.	главнӣ, adj.,m.	- principal, main
	главна̄, f.	
	главно̄, n.	
	главно̄, adv.	- principally, mainly
400.	особѝна, f.	- quality
401.	ма̀чка, f.	- cat
402.	обазрив, adj.,m.	- cautious
	обазрива, f.	
	обазриво, n.	
	обазриво, adv.	- cautiously
403.	чист, adj.,m.	- clean
	чиста, f.	
	чисто, n.	
	чисто, adv.	- neatly
404.	ко̏њ, m.	- horse
405.	пле̏менит, adj.,m.	- noble
	пле̏менита, f.	
	пле̏менито, n.	
	пле̏менито, adv.	- nobly
406.	пр̏име̑р, m.	- example, instance
407.	лу̏кав, adj.,m.	- sly
	лу̏кава, f.	
	лу̏каво, n.	
	лу̏каво, adv.	- slily
408.	ли̏сица, f.	- fox
409.	зми̏ја, f.	- snake
410.	је̏лен, m.	- deer
	nom.pl: је̏ленӣ	
411.	ди̏вљӣ, adj.,m.	- wild
	ди̏вља, f.	
	ди̏вље, n.	
	ди̏вље, adv.	- wildly
412.	ма̏зга, f.	- mule
413.	ма̀гарац, m.	- donkey
	gen.sing: ма̀га̄рца	
	nom.pl: ма̀га̄рци	
414.	кра̏ва, f.	- cow
415.	о̏вца, f.	- sheep
416.	ко̏за, f.	- goat
417.	не̏ки, pron.,m.	- some
	не̏ка, f.	
	не̏ко, n.	
418.	о̏рао, m.	- eagle
	gen.sing: о̏рла	
	nom.pl: о̏рлови	
419.	ри̏ба, f.	- fish
420.	во̏да, f.	- water
421.	о̏штар, adj.,m.	- sharp
	о̏штра, f.	
	о̏штро, n.	
	о̏штро, adv.	- sharply

LESSON IV
DAILY UNIT I

ПРВИ ДЕО   PART I

ДИЈАЛОГ БРОЈ 1   DIALOGUE NO. 1

Човечије тело   The human body

1. Наставник: Шта знате о човечијем телу?

   Ученик: Знам да су главни делови глава, труп, руке и ноге.

1. Instructor: What do you know about the human body?

   Stu: I know that the **main** parts are the head, the trunk, the arms and the legs.

2. Наст: Где су коса и лице?

   Уч: Коса и лице су на глави.

2. Instr: Where are the hair and the face?

   Stu: The hair and the face are on the head.

3. Наст: Да ли сте ви смеђи или плави?

   Уч: Ја сам смеђ.

3. Instr: Are you **brunette** or **blond**?

   Stu: I am **brunette**.

4. Наст: А ваша жена?

   Уч: Моја жена је плава. Њена коса је врло лепа.

4. Instr: And your **wife**?

   Stu: My wife is **blond**. Her hair is very **pretty**.

5. Наст: Да ли ученица Марић има плаву косу?

   Уч: Мислим да је ученичина коса плава.

5. Instr: Does the (girl) student, Marić, have **blond** hair?

   Stu: I think that the (**girl**) student's hair is **blond**.

6. Наст: А Браунова коса?

   Уч: Браунова коса је црна.

6. Instr: And Brown's hair?

   Stu: Brown's hair is dark-brown ("**black**").

7. **Наст:** Да ли је у млада човека коса седа?

   Уч: Обично је старчева коса седа, а младићева није.

8. **Наст:** Ја сам једном видео једног младог човека који је био сасвим сед.

   Уч: Видео сам и ја такве младе људе.

9. **Наст:** Какво је ваше чело, а какав је ваш нос?

   Уч: Моје чело је високо, а мој нос је прилично велик.

10. **Наст:** Јесу ли ваше очи плаве?

    Уч: Не, оне су црне.

11. **Наст:** Шта имамо у устима?

    Уч: У устима имамо језик и зубе.

12. **Наст:** Да ли су зуби бели?

    Уч: Природни здрави зуби су бели.

13. **Наст:** А вештачки?

    Уч: Неки вештачки зуби су златни, а неки су бели.

14. **Наст:** Да ли су добри вештачки зуби?

    Уч: Кад човек нема природне зубе, добри су и вештачки.

15. **Наст:** Тачно. Исто је тако кад човек нема (једну) руку или ногу.

    Уч: Да, онда је добра и дрвена рука или нога.

---

7. **Instr:** Is the hair on a young man grey?

   Stu: Usually an old man's hair is grey, not a young man's.

8. **Instr:** I once saw a young man who was all grey.

   Stu: I, too, have seen such young men.

9. **Instr:** What kind of forehead and what kind of nose do you have?

   Stu: My forehead is high and my nose is rather large.

10. **Instr:** Are your eyes blue?

    Stu: No, they are dark (black).

11. **Instr:** What do we have in the mouth?

    Stu: In the mouth we have the tongue and the teeth.

12. **Instr:** Are the teeth white?

    Stu: Natural, healthy teeth are white.

13. **Instr:** And the artificial ones?

    Stu: Some artificial teeth are gold, some are white.

14. **Instr:** Are artificial teeth good?

    Stu: When one does not have natural teeth, artificial ones are good, too.

15. **Instr:** Correct. It's the ("The same is so") same when one does not have an arm or a leg.

    Stu: Yes, then a wooden arm or leg is good, too.

ДРУГИ ДЕО   PART II

ГРАМАТИЧКА АНАЛИЗА БРОЈ 1   GRAMMAR ANALYSIS NO. 1

PAR. 62 - KINDS OF ADJECTIVES

1. - (4) Њена коса је врло лепа.
     (14) Да ли су добри вештачки зуби?
     (14) Кад човек нема природне зубе добри су и вештачки.
     (9) Моје чело је високо а мој нос је прилично велик.
     (12) Природни здрави зуби су бели.
          Мара није дошла јер је болесна.
          Mary has not come because she is sick.

   Adjectives expressing quality (лепа, добри, вештачки, природни) or size (високо, велик) or condition (здрави, болесни) are called descriptive adjectives.
   NOTE: The neuter gender of these adjectives is an adverb of manner:

          Петар је добро дете.
          Peter is a good child.
          Он говори српскохрватски врло добро.
          He speaks Serbo-Croatian very well.

2. - (13) Неки вештачки зуби су златни, а неки су бели.
     (15) Да, онда је добра и дрвена рука или нога.

   Adjectives denoting the material from which things are made (златни, дрвена) are called adjectives of material.
   Most Serbo-Croatian adjectives of material end either in "-ен" or "-ан" and they are formed by adding these endings to the stem of the corresponding noun:

   Noun: злато   stem: злат-   adjective: злат-ан
         дрво   дрв-   дрв-ен

   All Serbo-Croatian adjectives belonging to the classes under 1) and 2), with very few exceptions, have both an indefinite and a definite form:

          (7) Да ли је у млада човека коса седа?
          (8) Ја сам једном видео једног младог човека који је био сасвим сед.

3. - (5) Мислим да је ученичина коса плава.
     (6) Браунова коса је црна.
     (7) Обично је старчева коса седа, а младићева није.
         Бабина коса је бела.
         The grandmother's hair is white.
         Учитељев син је марљив ученик.
         The teacher's son is a diligent student.

Adjectives denoting possession-ownership (ученичина, Браунова, старчева, младићева, бабина, учитељев) are called possessive adjectives.

Most typical and most common possessive adjectives end in "**-ов**", "**-ев**" or "**-ин**". These adjectives are derived from the corresponding nouns (ученица, Браун, старац, младић, баба, учитељ).

The endings "**-ов**" and "**-ев**" are used to form the possessive adjectives of masculine nouns (in almost all cases animate).

The ending "**-ов**" is added if the stem of the noun does **not** end in a **palatal** consonant; the ending "**-ев**" is added if the stem of the noun ends in a **palatal** consonant:

Noun:	stem:	possess.adj:
Браун	Браун-	Браун-ов
Петар	Петр-	Петр-ов
капетан	капетан-	капетан-ов
младић	младић-	младић-ев
учитељ	учитељ-	учитељ-ев

Masculine nouns the stem of which ends in "**ц**", make their possessive adjective by adding "**-ев**" to the stem, but "**ц**" before "**-ев**" changes into "**ч**":

Noun: старац   stem: старц-   possess.adj: старч-ев

The ending "**-ин**" is used to form the possessive adjectives of feminine nouns (in almost all cases animate):

Noun:	stem:	possess.adj:
баба	баб-	баб-ин
сестра	сестр-	сестр-ин
жена	жен-	жен-ин

Feminine nouns which in the nominative singular end in "**-ка**" or "**-ца**" form possessive adjectives by adding "**-ин**" to the stem, but "**к**" or "**ц**" before "**ин**" changes **into** "**ч**":

Noun:	stem:	possess.adj:
мајка	мајк-	мајч-ин
ученица	учениц-	ученич-ин
девојка	девојк-	девојч-ин

Serbo-Croatian possessive adjectives ending in "**-ов**", "**-ев**" and "**-ин**" are usually the equivalent of the English "**'s**":

Браунов	- Brown's
Петров	- Peter's
учитељев	- teacher's
бабин	- grandmother's
сестрин	- sister's
женин	- wife's
девојчин	- girl's

These possessive adjectives denote possession (ownership), usually with reference to a specific person. They always answer the question: "Чији?", "Чија?", "Чије?"

Чији је ово капут? - То је учитељев капут.
Whose coat is this? - That is the teacher's coat.
Чија је ово оловка? - То је Петрова оловка.
Whose pencil is this? - That is Peter's pencil.

NOTE: a) The possessive adjectives of this type have the indefinite form only.

b) In the following pairs note the difference in meaning by the choice between adjectives ending in "ов", "ев" or "ин" and those ending in "ски" (see PAR. 63):

Ово је пуковникова, а оно је капетанова капа.
This is the colonel's cap, and that is the captain's cap.
Пуковничка плата је већа него капетанска плата.
A colonel's pay (the pay of a colonel) is more than a captain's pay (the pay of a captain).

Наставников син је марљив ученик.
The teacher's son is a diligent student.
Наставнички рад је тежак али пријатан.
A teacher's work (the work of a teacher) is hard but pleasant.

ТРЕЋИ ДЕО   PART III

ГРАМАТИЧКЕ ВЕЖБЕ БРОЈ 1   GRAMMAR EXERCISES NO. 1

Put the words in the parentheses into the proper form:
Наставник (питати) (брз), а ученици (одговарати) полако.
Сви ученици (учити) (марљив).
Они не (читати) (пажљив).
Неки ученици (учити) (лак), а неки (тежак).
Ја не (видети) (добар).
Они увек (поступати) (обазрив).
Има ли Петар (природа) (зуби)? - Не, Петар нема (природа) (зуби), него (вештачки).
На (какве столице) ви волите да седите? - Ја волим да седим на (дрво) (столице).
Какав чешаљ има Мара? - Мара има (злато) чешаљ.
Да ли људи носе (Do men wear) (свила) (капути)? - Не, људи не носе (свила) (капути).
Где је (водник) капа? - (Водник) капа је на (чивилук).
Куда иде (десетар) сестра? - (Десетар) сестра иде у (школа).
Где су (поручник) књиге? - (Поручник) књиге су на (сто).
Куда иде (капетан) жена? - (Капетан) жена иде на (брдо).
Да ли је (пуковник) син био у (школа)? - Не, (пуковник) син није био у (школа).
Чији муж је ваш брат? - (Госпођа) муж је мој брат.

Чији муж је ваш отац? - (Мајка) муж је мој отац.
Чији муж је ваш дед? - (Баба) муж је мој дед.
Чија жена је ваша мајка? - (Отац) жена је моја мајка.
Чија жена је ваша баба? - (Дед) жена је моја баба.
Чији сте ви унук? - Ја сам (дед) и (баба) унук.
Чији сте ви син? - Ја сам (отац) и (мајка) син.
Где је (брат) кућа? - (Брат) кућа је на (брдо).
Да ли је и (сестра) кућа на (брдо)? - Не (сестра) кућа није на (брдо) него у (шума).
Чија коса је седа? - (Старац) коса је седа.
Чија коса није седа? - (Младић) коса није седа.
Какве треба да буду (ученик) књиге? - (Ученик) књиге треба да буду (чист).
Чији синови су кнезови? - (Цар) синови су кнезови.
Где је (командант) стан? - (Командант) стан је у (она шума).
Чија жена је она госпођа? - Она госпођа је (учитељ) жена.
Шта је (госпођа) муж? - Мој муж је официр.
Где је (господин) капут? - Мој капут је у (соба).
Чија коса је лепа? - (Девојка) коса је лепа.
Да ли знате (мајор) госпођу? - Не, ја не знам (мајор) госпођу.
Чија кућа је на (брдо), а чија кућа је у (шума)? - (Брат) кућа је на (брдо), а (сестра) кућа је у (шума).
Да ли је ово ваше перо? - Не, то није моје него (учитељ) перо.

ЧЕТВРТИ ДЕО PART IV

ШТИВО БРОЈ 1 READING TEXT NO. 1

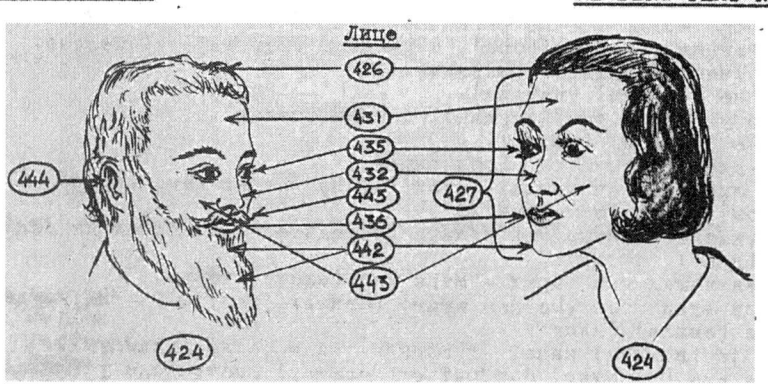

Видели смо да на глави имамо косу и лице. На лицу имамо

чело, очи, нос, уста, браду, образе и уши. Човек још има бркове и браду а жена не. Брада је на бради и на образима.

Коса, очи, бркови и брада су црни, смеђи или плави, а у стара човека су обично седи.

За чело се каже да је високо или ниско. За нос, уста и уши се каже да су велики или мали.

Лице је лепо или ружно. Кад су сви делови лепи, и лице је лепо. Кад су сви делови ружни, и лице је ружно. Често се каже да је лице лепо кад су само неки делови лепи. За лепу косу се често каже да је "као свилена".

Коса, бркови и брада су природни или вештачки.

Вештачке очи су стаклене.

ПЕТИ ДЕО

ПИТАЊА ИЗ ШТИВА БРОЈ 1

1. Шта имамо на глави?
2. Где је чело?
3. Где су очи?
4. Где је нос?
5. Где су уста?
6. Где је брада?
7. Где су образи?
8. Где су уши?
9. Има ли жена бркове?
10. Има ли жена браду?
11. Да ли је брада на бради?
12. Ко је сед?
13. Какво је ваше чело?
14. Кад се каже да је лице лепо?
15. Кад се каже да је лице ружно?
16. Кад се каже да је коса као свилена?
17. Које очи су стаклене?

PART V

QUESTIONS ON THE READING TEXT NO. 1

ШЕСТИ ДЕО   PART VI

ВЕЖБА ИЗ ПРЕВОЂЕЊА БРОЈ 1   TRANSLATION EXERCISE NO. 1

Our body

Today, our dialogue was about the human body, that is, more about the head than about the other parts.

We learned that the main parts are the head, the trunk, the arms and the legs, and that the hair and the face are on the head. Then we spoke about hair. My hair is dark brown (brown) (blond). Brown's hair is dark brown. The girl student's — I mean the girl student who is in our class — is blond.

I once saw a young man whose hair was grey. An old man's hair is usually that way ("such"), but not a young man's.

My eyes are dark brown (brown) (blue). All my teeth are healthy and white. I do not like gold teeth or wooden legs.

СЕДМИ ДЕО   PART VII

РЕЧНИК БРОЈ 1   VOCABULARY NO. 1

422. човечији, adj., m.   — human
     човечија, f.
     човечије, n.
423. тêло, n.   — body
     pl: тêла, телèса
424. глáва, f.   — head
425. трȳп, m.   — trunk
     pl: трȳпови
426. кòса, f.   — hair
427. лȕце, n.   — face
428. смêђ, adj., m.   — brown (haired)
     смêђа, f.
     смêђе, n.
*395. плȃв, adj., m.   — blond
     плáва, f.
     плáво, n.
429. сêд, adj., m.   — grey (haired)
     сêда, f.
     сêдо, n.

430. стàрац, m. — old man
　　　gen.sing: стàрца
　　　　　　　pl: стàрци
431. чѐло, n. — forehead
432. нôс, m. — nose
　　　pl: нòсови
433. вѝсок, adj., m. — high, tall
　　　вѝсока, f.
　　　вѝсоко, n.
434. нѝзак, adj., m. — low
　　　нѝска, f.
　　　нѝско, n.
435. òко, n. — eye
　　　pl: òчи, f.
　　　gen.pl: òчију
436. ỳста, n. pl.t. — mouth
437. зŷб, m. gen.pl: зýбū — tooth
438. прѝродан, adj., m. — natural
　　　прѝродна, f.
　　　прѝродно, n.
439. вèштāчки, adj., m. — artificial
　　　вèштāчка, f.
　　　вèштāчко, n.
440. злáтан, adj., m. — gold, golden
　　　злáтна, f.
　　　злáтно, n.
441. др̀вен, adj., m. — wooden
　　　др̀вена, f.
　　　др̀вено, n.

442. брáда, f. — chin; beard
443. òбраз, m. — cheek
444. ỳво, n. — ear
　　　pl: ỳши, f.
　　　gen.pl: ỳшију
445. бр̂к, m. — moustache
　　　pl: бр̂кови (бр̀ци)
446. стȃр, adj., m. — old
　　　стȃра, f.
　　　стȃро, n.
447. свѝлен, adj., m. — silk, silken
　　　свѝлена, f.
　　　свѝлено, n.
448. стàклен, adj., m. — glass
　　　стàклена, f.
　　　стàклено, n.

DAILY UNIT II

ПРВИ ДЕО

ДИЈАЛОГ БРОЈ 2

PART I

DIALOGUE NO. 2

<u>О нашем животу и телу</u>

<u>About our life and body</u>

1. <u>Наставник</u>: Који живот ви више волите: <u>градски</u> или <u>сеоски</u> (<u>живот</u>)?

    <u>Ученик</u>: Волим више <u>сеоски</u> живот.

1. <u>Instructor</u>: Which kind of life do you like better ("more"), <u>city</u> or <u>country</u> life?
    <u>Student</u>: I like <u>country</u> life better.

2. <u>Наст</u>: Зашто?

    <u>Уч</u>: <u>Сеоски</u> живот је миран, а сеоски ваздух је чист и добар за плућа.

2. <u>Instr</u>: Why?

    <u>Stu</u>: <u>Country</u> life is quiet, and the country air is clean and good for the lungs.

3. <u>Наст</u>: А шта је добро за стомак?

    <u>Уч</u>: За стомак је добар <u>господски</u> живот, док <u>сиромашки</u> није.

3. <u>Instr</u>: And what is good for the stomach?

    <u>Stu</u>: For the stomach, the life <u>of a gentleman is good</u>, while <u>that of a poor man</u> is not.

4. <u>Наст</u>: Да ли је <u>војнички</u> живот господски живот?

    <u>Уч</u>: Како кад. <u>Ђачки</u> живот овде није лош.

4. <u>Instr</u>: Is the <u>soldier's</u> life the life of a gentleman?

    <u>Stu</u>: That depends ("How when"). <u>The student's</u> life here is not bad.

5. <u>Наст</u>: Добро, чули смо о плућима и о желуцу. Шта знате о срцу?

    <u>Уч</u>: Срце и плућа су у грудима.

5. <u>Instr</u>: All right, we have heard about the lungs and the stomach. What do you know about the heart?

    <u>Stu</u>: The heart and the lungs are in the chest.

6. <u>Наст</u>: Тачно. Које је срце веће: <u>мушко</u> или <u>женско</u>?

    <u>Уч</u>: <u>Мушко</u> срце је веће.

6. <u>Instr</u>: Correct. Which heart is larger: a <u>man's</u> or a <u>woman's</u>?

    <u>Stu</u>: A <u>man's</u> heart is larger.

7. <u>Наст</u>: Добро. Како се каже српскохрватски "kidney"?

   <u>Уч</u>: То се каже "бубрег".

8. <u>Наст</u>: Где је желудац?

   <u>Уч</u>: Желудац је у трбуху.

9. <u>Наст</u>: Где су црева?

   <u>Уч</u>: И црева су у трбуху.

10. <u>Наст</u>: Где је мозак?

    <u>Уч</u>: Мозак је у глави.

11. <u>Наст</u>: Где је крв?

    <u>Уч</u>: Крв је по целом телу.

12. <u>Наст</u>: Како се каже "bone"?

    <u>Уч</u>: Каже се "кост".

13. <u>Наст</u>: А како се каже "flesh"?

    <u>Уч</u>: Каже се "месо".

14. <u>Наст</u>: Да, "flesh" је обично човечије месо, а "meat" је обично <u>животињско</u> месо.

7. <u>Instr</u>: All right. How does one say in Serbo-Croatian "the kidney"?
   <u>Stu</u>: One says "бубрег"?

8. <u>Instr</u>: Where is the stomach?

    <u>Stu</u>: The stomach is in the abdomen.

9. <u>Instr</u>: Where are the intestines?

    <u>Stu</u>: The intestines, too, are in the abdomen.

10. <u>Instr</u>: Where is the brain?

    <u>Stu</u>: The brain is in the head.

11. <u>Instr</u>: Where is the blood?

    <u>Stu</u>: The blood is in the entire body.

12. <u>Instr</u>: How does one say "bone"?

    <u>Stu</u>: One says "кост".

13. <u>Instr</u>: And how does one say "flesh"?

    <u>Stu</u>: One says "месо".

14. <u>Instr</u>: Yes, "flesh" is usually human flesh and "meat" is usually <u>animal</u> flesh.

ДРУГИ ДЕО

PART II

ГРАМАТИЧКА АНАЛИЗА БРОЈ 2

GRAMMAR ANALYSIS NO. 2

PAR. 63 - ADJECTIVES ENDING IN "СКИ"

1. - (1) Који живот више волите, градски или сеоски?
      (3) За стомак је добар господски живот док сиромашки није.
      (4) Да ли је војнички живот господски живот? - Како кад. Ђачки живот овде није лош.
      (6) Које је срце веће, мушко или женско?
      (14) Да, "flesh" је обично човечије месо, а "meat" је обично животињско месо.

Adjectives ending in "ски" are formed from animate and inanimate nouns of all three genders by adding "ски" to the stem of the noun:

```
           Noun:град        stem:град-      adjective:град-ски
                господин         господ-               господ-ски
                жена             жен-                  жен-ски
                животиња         животињ-              животињ-ски
```

If the stem of the noun ends:
a) in "ц" or "к", these letters turn into "ч"; the "с" of "ски" must be omitted:

```
           Noun:војник       stem:војник-    adjective:војнич-ки
                ђак                ђак-                 ђач-ки
```

NOTE: In forming adjectives of this type, the movable "a" sometimes is and sometimes is not omitted from the stem:

```
           Noun:борац                       adjective:борач-ки
                Американац                            Американ-ски
```

b) In "т" or "х", these letters must be changed into "ш"; the "с" of "ски" after "ш" must be omitted:

```
           Noun:сиромах                     adjective:сиромаш-ки
```

c) In "л" which is preceded by any vowel but "о", the "л" changes into "о"(neuter nouns only):

```
           Noun:село         stem:сел-       adjective:сео-ски
```

2. - (2) Сеоски живот је миран, а сеоски ваздух чист.
     (4) Да ли је војнички живот господски живот?
     (4) Ђачки живот овде није лош.
     (6) Које је срце веће, мушко или женско?

Adjectives ending in "ски" do not emphasize ownership (see PAR. 62 note b); they serve rather to characterize the noun. They answer the question "Какав?", "Каква?", "Какво?" or "Који?" "Која?", "Које?".

Какав је то кревет? - Ово је војнички кревет.
Of what kind is that bed? - This is an army cot
Која љубав је велика? - Братска љубав је велика.
Which love is great? - Brotherly love is great.

To clarify what has been said about adjectives ending in "ов", "ев", "ин" and adjectives ending in "ски" note carefully, all examples in PAR. 62 & 63 and contrast the following pairs:

Ово је господинов шешир.
This is the gentleman's hat.
Ово је господска вечера.
This is a lordly dinner.

Сестрина деца су добра.
The sister's children are good.
Она ми пружа сестринску негу.
She extends sisterly care to me.

3. — Сеоске улице нису широке.
Village streets are not wide.
Нека села у Југославији имају сеоске кнезове.
Some villages in Yugoslavia have village knights.
Марко је наш сеоски кнез.
Mark is the knight of our village.
Мушко срце је веће него женско срце.
A man's heart is larger than a woman's heart.
Ђачки живот је врло леп.
A student's life (The life of a student) is very nice.
Српске песме су врло лепе.
Serbian songs are very nice.

Adjectives ending in "ски" may sometimes express possession although not so directly and emphatically as those in PAR. 62.

Adjectives ending in "ски" which are derived from inanimate nouns express possession of the individual member (сеоски кнез) as well as the possession of the species (сеоске улице, сеоске кнезове) which is denoted by the noun from which the adjective is derived.

Adjectives ending in "ски" which are derived from animate nouns usually express possession of the species (мушко срце, женско срце, ђачки живот, српске песме) which is denoted by the noun from which the adjective is derived.

4. — The masculine gender of these adjectives is used also as an adverb of manner:

Он поступа војнички.
He acts as a soldier (soldierly).

Adjectives ending in "ски" have the definite form only.
NOTE: The endings "ов", "-ев", "-ин" and "-ски" are the most frequent, but not the only, endings by means of which adjectives are formed from nouns.

PAR. 64 – ASSIMILATION OF VOICED AND VOICELESS CONSONANTS

Врапци су мале птице.
<u>Sparrows</u> are small birds.
Говорите ли енглески?
Do you speak <u>English</u>?
Он је потпоручник.
He is <u>a second lieutenant</u>.
Душан је био српски цар.
Dushan was a <u>Serbian</u> emperor.
Српскохрватска граматика је доста тешка.
Serbo-Croatian grammar is fairly <u>difficult</u>.

When any voiced consonant (б, в, д, з, ж, џ, ђ, г) and any voiceless consonant (п, ф, т, с, ш, ч, ћ, к,) come together, the one which <u>precedes</u> must be assimilated; that is, a voiceless consonant before a voiced consonant is changed into the corresponding voiced consonant (see Page 8), and viceversa:

врапци	– is derived from "враб-ци" (врабац, m.,-sparrow)
енглески	– is derived from "Енглез-ски" (Енглез, m., Englishman)
потпоручник	– is derived from "под-поручник" (под - under, поручник - lieutenant)
српски	– is derived from "Срб-ски" (Србин, m., - Serb)
тешка	– is derived from "теж-ка" (тежак, adj., m. - difficult)

Exceptions: The voiced consonant "д" before the voiceless consonant "с", in nouns ending in "ство" and in adjectives ending in "-ски", is not changed:

(1) Који живот више волите, <u>градски</u> или сеоски?
(3) За стомак је добар <u>господски</u> живот.
Каква јавна саобраћајна <u>средства</u> има Монтереј?
What kind of public means of <u>transportation</u> does Monterey have?

ТРЕЋИ ДЕО   PART III

ГРАМАТИЧКЕ ВЕЖБЕ БРОЈ 2   <u>GRAMMAR EXERCISES NO. 2</u>

1. – Put the words in the parentheses into the proper form:

Да ли су (село) улице широке? – Не, (село) улице нису широке.
Које улице су широке? – (Град) улице су широке али не увек.
Какав је (море) ваздух? – (Море) ваздух је свеж.
Какву рибу волите? – Ја волим сваку (море) рибу.
Да ли су (генерал) и (пуковник) плата исте? – Не, (генерал) и (пуковник) плата нису исте.
Која плата је већа, (потпоручник) или (поручник)? – (Поручник) плата је већа.

Да ли су (официр) и (подофицир) капа исте? - Не, (официр) и (подофицир) капа нису исте.
Да ли је (сиромах) живот (господин) живот? - Не, (сиромах) живот није (господин), него (сиромах).
Јесу ли (граматика) вежбе тешке? - Да, (граматика) вежбе су прилично тешке.
Да ли су (муж) и (жена) шешири исти? - Не, (муж) и (жена) шешири нису исти.
Да ли су (Србин) и (Хрват) језик исти? - Да, (Србин) и (Хрват) језик су исти.
Зашто идете на брдо? - Ја идем на брдо јер волим чисти (брдо) ваздух.
Који живот волите? - Ја волим (ђак) живот.
Волите ли (Калифорнија) време? - Да, ја волим (Калифорнија) време.
Да ли је (аутобус) саобраћај у (Монтереј) велик? - Не, (аутобус) саобраћај у (Монтереј) није велик.
Волите ли више (шума) или (брдо) ваздух? - Ја не волим ни (шума) ни (брдо) ваздух, него (море) ваздух.
Да ли су (Американац) и (Енглез) језик исти? - Не, (Американац) и (Енглез) језик нису сасвим исти.

2. - Translate the following sentences into Serbo-Croatian:

This is the gentleman's coat.
The life of a gentleman is not always pleasant (пријатан).
The general's wife is a very pretty and a very good woman.
The cap of a general is not the same as the cap of a captain.
This is the teacher's daughter.
A teacher's pay is small.

3. - Put the words in the parentheses into the proper form:

Ми живимо (сиромах), али смо задовољни.
Они говоре (Енглез).
Говорите ли (Француз)? - Не, ја не говорим (Француз) него (Италијан).

ЧЕТВРТИ ДЕО
ШТИВО БРОЈ 2

PART IV
READING TEXT NO. 2

Тело (делови)

Други делови које треба знати су: врат и леђа. Глава је на врату. Човек често спава на леђима, а животиње обично не. Кичма је кост која иде кроз леђа и врат. И ребро је кост. Ребра су у грудима.

Ми имамо две руке и две ноге: леву руку и леву ногу; десну руку и десну ногу. Неке животиње имају само ноге. На рукама имамо лактове и шаке. Често се за шаку каже "рука". На ногама имамо колена и стопала. Често се за стопало каже "нога". И на ногама и на рукама имамо прсте, по пет на свакој руци и на свакој нози.

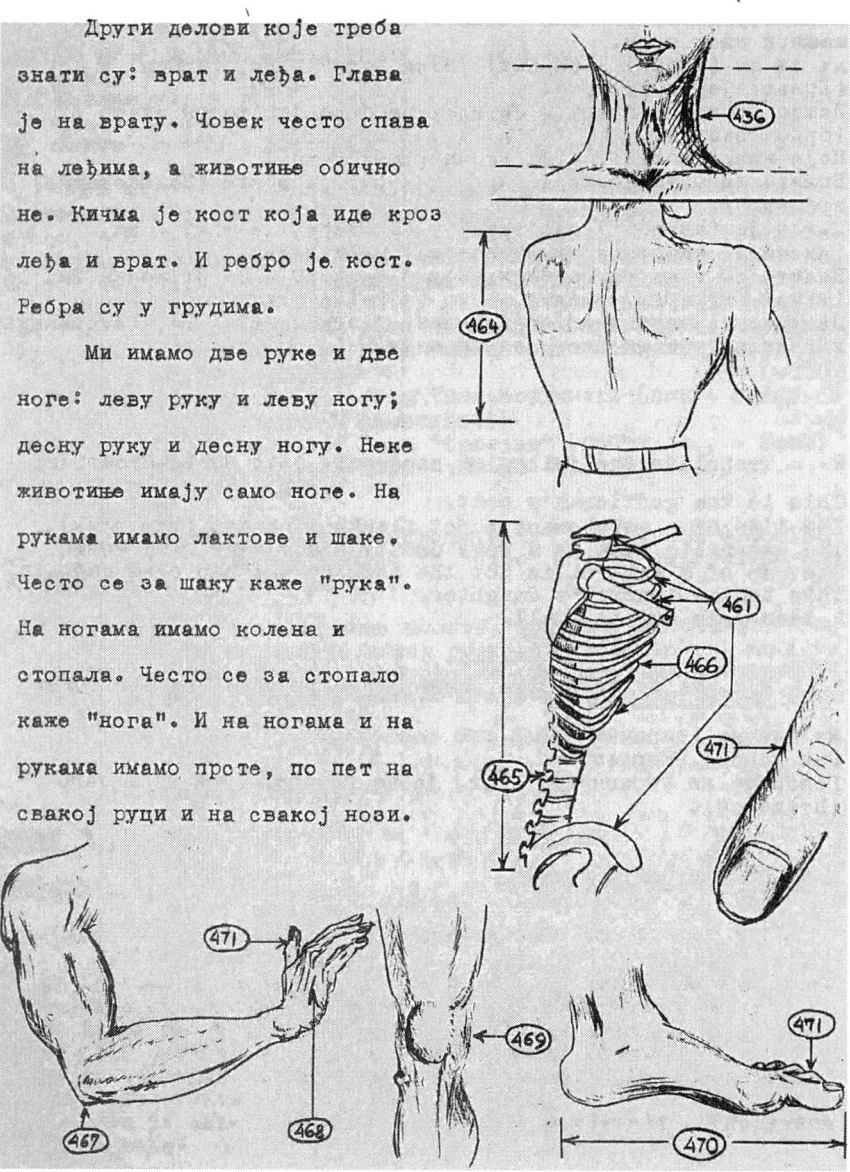

ПЕТИ ДЕО   PART V

ПИТАЊА ИЗ ШТИВА БРОЈ 2   QUESTIONS ON THE READING
                                   TEXT NO. 2

1. Где је глава?
2. Волите ли ви да спавате на леђима?
3. Спавају ли обично животиње на леђима?
4. Кроз шта иде кичма?
5. Шта је ребро?
6. Где су ребра?
7. Да ли све животиње имају руке и ноге?
8. Које животиње имају само ноге?
9. Која рука служи више: десна или лева?
10. Да ли десна нога служи више него лева?
11. Где су лактови?
12. Где су шаке?
13. Шта све значи "рука"?
14. Где су колена?
15. Где су стопала?
16. Шта све значи "нога"?
17. Имамо ли прсте на рукама?
18. Имамо ли прсте на ногама?
19. По колико на свакој руци?
20. По колико на свакој нози?

ШЕСТИ ДЕО   PART VI

ВЕЖБА ИЗ ПРЕВОЂЕЊА БРОЈ 2   TRANSLATION EXERCISE NO. 2

The human body

Today we talked about the body again. We learned how to say ("how one says"): the brain, the heart, the lungs, the stomach, the kidney, the intestines. The heart and the lungs are in the chest. The stomach and the intestines are in the abdomen. We learned also how to say: flesh, bone and blood.

We spoke also (about that) where and how we like to live. I, for instance, like country life, because I like country air, especially mountain air. A student's way of life ("student's life") is good. It is not a poor man's life, but rather a gentleman's life, if one may (може) say so.

| СЕДМИ ДЕО | PART VII |

| РЕЧНИК БРОЈ 2 | VOCABULARY NO. 2 |

449. жѝвот, m. — life
450. сѐло, n. — village
450. сѐоски, adj.,m. — village, rural
    сѐоска, f.
    сѐоско, n.
451. мѝран, adj.,m. — quiet
    мѝрна, f.
    мѝрно, n.
452. плу́ће, n. — lung
    pl: плу́ћа
453. стòмāк, m. — stomach
    pl: стомáци
454. жѐлудац, m. — stomach
    gen.sing: жѐлуца
    pl: жѐлуци
*14. гòсподскӣ, adj.,m. — gentleman's
    гòсподскā, f.
    гòсподскō, n.
455. ср̂це, n., gen.pl:ср̂дāца,ср̂ца — heart
*168. му̏шки, adj.,m. — male, man's
    му̏шка, f.
    му̏шко, n.
456. бу̏брег, m. — kidney
    pl: бу̏брези
457. тр̀бух, m. — abdomen
    pl: тр̀буси
458. црѐво, n. — intestines
459. мо̏зак, m. — brain
    gen.sing: мо̏зга
    pl: мо̏згови
460. кр̂в, f. — blood
    gen.sing: кр̂ви
461. ко̂ст, f. — bone
    gen.sing: ко̏сти
462. мȇсо, n. — flesh; meat

463. вра̑т, m. — neck
    pl: вра̏тови
464. лѐђа, n.,pl.t. — back
465. ки̏чма, f. — spine
466. рѐбро, n. — rib
    gen.pl: рѐбāрā
467. лȁкат, m. — elbow
    gen.sing: лȁкта
    pl: лȁктови
468. шȁка, f. — hand
469. кòлено, n. — knee
470. стòпало, n. — foot
471. пр̀ст, m. — finger; toe
    gen.pl: пр̀сти, пр̀стију

*287. по, prep.   - each (distributive meaning)
472. крѐвет, m.   - bed
473. љу̀бав, f.   - love
     gen.sing: љу̀бави
474. шѐшир, m.   - hat
475. поступати, v.,1.,ipfv.   - to act
     pr.t: по̀ступа̄м, по̀ступа̄ш, по̀ступа̄
            по̀ступа̄мо, по̀ступа̄те, по̀ступа̄ју
476. поступити, v.,1.,pfv.   - to act
     pr.t: по̀ступӣм, по̀ступӣш, по̀ступӣ
            по̀ступӣмо, по̀ступӣте, по̀ступе̄
477. не̏га, f.   - care

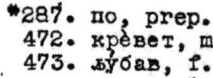

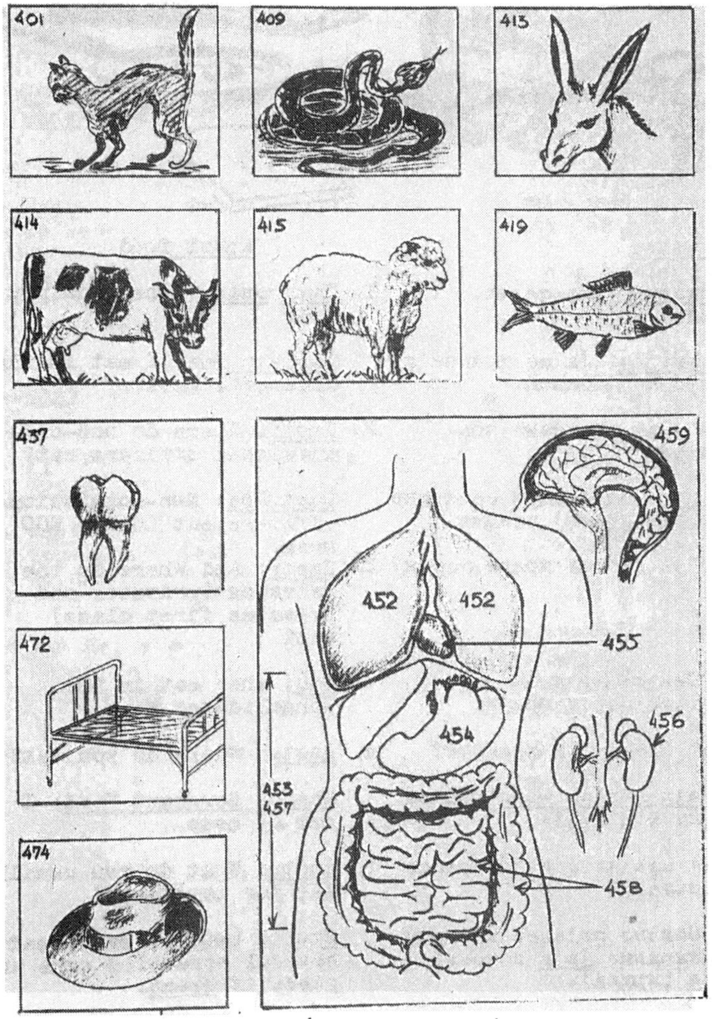

DAILY UNIT III

ПРВИ ДЕО / PART I

ДИЈАЛОГ БРОЈ 3 / DIALOGUE NO. 3

О храни / About food

1. **Наставник**: Где се ви храните?

   Капетан До: Ја се храним у официрској менажи.

2. **Наст**: Где се хране подофицири?

   Кап.До: Подофицири се хране у подофицирској менажи.

3. **Наст**: А где се хране борци?

   Уч: Они се хране у војничкој трпезарији.

4. **Наст**: Где се ви храните?

   Старији водник Форд: Ја се храним код куће.

5. **Наст**: Шта ви обично једете за доручак?

   Уч: Обично поједем кајгану од неколико **јаја** и комад **хлеба** (круха).

1. **Instructor**: Where do you eat?

   Captain Doe: I eat in the Officer's Mess.

2. **Instr**: Where do non-commissioned officers eat?

   Capt.Doe: Non-commissioned officers eat in the NCO mess.

3. **Instr**: And where do the privates (privates and privates first class) eat?

   Stu: They eat in the Consolidated Mess.

4. **Instr**: Where do you eat?

   Master Sergeant Ford: I eat at home.

5. **Instr**: What do you usually eat for breakfast?

   Stu: I usually eat ("eat up") several scrambled eggs and a piece of **bread**.

6. Наст: Волите ли ви хлеб?

   Уч: Ја не, али моја деца поједу по неколико хлебова на дан.

7. Наст: А шта пијете уз доручак?

   Уч: Обично попијем шољу кафе.

8. Наст: А шта једете за ручак?

   Уч: Обично поједем комад меса и мало поврћа.

9. Наст: Шта сте имали синоћ за вечеру?

   Уч: Имао сам мало пиринча, неколико краставаца и доста шљива.

10. Наст: Где се добро једе?

    Уч: У кући господина Форда једе се врло добро.

11. Наст: Да ли у војничкој трпезарији једу само борци?

    Уч: Не, у војничкој трпезарији често једу и подофицири.

6. Instr: Do you like bread?

   Stu: I don't ("I not"), but my children eat ('up') several loaves of bread a day.

7. Instr: And what do you drink with breakfast?

   Stu: I usually drink ("drink up") a cup of coffee.

8. Instr: And what do you eat for lunch?

   Stu: I usually eat a piece of meat and some vegetables ("a little of vegetable").

9. Instr: What did you have last night for dinner (supper)?

   Stu: I had a little rice, several cucumbers, and a sufficient amount of plums.

10. Instr: Where does one eat well?

    Stu: In the house of Mr. Ford one eats very well.

11. Instr: Do only privates eat in the Consolidated Mess?

    Stu: No, non-commissioned officers often eat at the Consolidated Mess too.

ДРУГИ ДЕО

PART II

ГРАМАТИЧКА АНАЛИЗА БРОЈ 3

GRAMMAR ANALYSIS NO. 3

PAR. 65 - THE GENITIVE CASE

The genitive case basically denotes possession (ownership) or origin. The genitive case is usually the equivalent of English "'s" or "of + noun or pronoun".

PAR. 66 - GENITIVE SINGULAR OF MASCULINE NOUNS

(10) У кући господина Форда једе се врло добро.
Ово је капут господина учитеља.
This is the teacher's coat.
(5) Обично поједем кајгану од неколико јаја и комад хлеба.

The genitive singular ending for all masculine nouns is "-a":

Nom.sing: господин   stem: господин   gen.sing: господин-а
          Форд   Форд   Форд-а
          учитељ   учитељ   учитељ-а
          хлеб   хлеб   хлеб-а

NOTE: The rules for movable "a" (PAR. 17) and the rules of assimilation of voiced and voiceless consonants (PAR. 64) must be observed:

Nom.sing: Американац stem: Американц- gen.sing: Американц-а
          борац   борц-   борц-а

PAR. 67 - GENITIVE SINGULAR OF FEMININE NOUNS

(7) Обично попијем шољу кафе.
Мара је млађа ћерка госпође Перић.
Mary is Mrs. Peric's younger daughter.

All feminine nouns which, in the nominative singular, end in "-a" form the genitive singular by dropping the "-a" and adding "-e":

Nom.sing: кафа   stem: каф-   gen.sing: каф-е
          госпођа   госпођ-   госпођ-е

PAR. 68 - GENITIVE SINGULAR OF NEUTER NOUNS

(8) Обично поједем комад меса и мало поврћа.
Главни делови тела су: глава, труп, руке и ноге.
The main parts of the body are: the head, the trunk, the arms and the legs.

The genitive singular ending for all neuter nouns is
"-a", the same as the genitive singular of masculine nouns:

Nom.sing:	месо	stem:	мес-	gen.sing:	мес-а
	поврће		поврћ-		поврћ-а
	тело		тел-		тел-а

PAR. 69 - GENITIVE PLURAL OF MASCULINE NOUNS

Живот ђака (ученика) у нашој школи није лош.
The life of the students in our school is not bad.
Живот сиромаха је тежак.
The life of poormen is hard.

The genitive plural of all masculine nouns looks the same as the genitive singular. The difference between the two is expressed by the length of the last two vowels of the genitive plural. The ending "-a" in the genitive singular is short, in the genitive plural it is long. In the genitive plural not only the ending "-a", but also the next to the last vowel is always long. These indications of vowel length are usually not written.

Nom.sing:	ђак	gen.sing:	ђа́к-а	gen.pl:	ђа̄к-а̄
	ученик		ученик-а		ученӣк-а̄
	сиромах		сиромах-а		сирома̄х-а̄
	војник		војник-а		војнӣк-а̄
	подофицир		подофицир-а		подофицӣр-а̄
	официр		официр-а		официр-а̄
	дијалог		дијалог-а		дијало̄г-а̄

NOTE: a) The genitive plural is the only case in which the movable "a", which is contained in the nominative singular of some masculine nouns (PAR. 17) reappears:

(9) Имао сам мало пиринча, неколико краставаца и доста шљива.

Nom.sing:	краставац	gen.sing:	Американц-а	gen.pl:	краста̄ва̄ц-а̄
	Американац				Америка̄на̄ц-а̄
	борац		борц-а		бо̄ра̄ц-а̄

b) Masculine nouns which have a long plural retain the extra syllable "ов" or "ев" (PAR. 37) in the genitive plural as well as in all other cases of the plural:

(6) Ја не, али моја деца поједу по неколико хлебова на дан.

Nom.sing:	хлеб	gen.sing:	хлеб-а	gen.pl:	хле̄б-о̄в-а̄
	дед		дед-а		де̄д-о̄в-а̄
	чешаљ		чешљ-а		че̄шљ-е̄в-а̄

PAR. 70 — GENITIVE PLURAL OF FEMININE NOUNS

(9) Имао сам мало пиринча, неколико краставаца и доста шљива.
Зидови кућа у Монтереју су бели и чисти.
The walls of <u>the houses</u> in Monterey are white and clean.

Feminine nouns which, in the nominative singular, end in "-a", add an "-a" to the stem to form the genitive plural. Therefore, the genitive plural of these nouns has the same written form as the nominative singular. The difference between the two is shown by the length of the last two vowels of the genitive plural. In the genitive plural, not only the ending "-a", but also the next to the last vowel is always long:

Nom.sing:	шљѝва	gen.pl:	шљи̑в-а̄
	ку̀ћа		ку̑ћ-а̄
	жѐна		же̑н-а̄
	ша̀ка		ша̑к-а̄
	ру́жа		ру́ж-а̄

PAR. 71 — GENITIVE PLURAL OF NEUTER NOUNS

(5) Обично поједем којгану од неколико <u>јаја</u> и комад хлеба.
На врховима брда су шуме.
On the tops of <u>the hills</u> are forests.

The genitive plural of neuter nouns looks the same as the genitive singular. The difference between the two is expressed by the length of the last two vowels of the genitive plural. The ending "-a" in the genitive singular is short. In the genitive plural not only the ending "-a" but also the next to the last vowel is always long.

Nom.sing:	ја́је	gen.sing:	ја́ј-а	gen.pl:	ја́ј-а̄
	бр̀до		бр̀д-а		бр̀д-а̄
	ле̏то		ле̏т-а		ле̏т-а̄
	шти́во		шти́в-а		шти́в-а̄
	пи́тање		пи́тањ-а		пи́тањ-а̄

ТРЕЋИ ДЕО | PART III

ГРАМАТИЧКЕ ВЕЖБЕ БРОЈ 3 | GRAMMAR EXERCISES NO. 3

1. — Put the words in the parentheses into the proper form:

Чија је ово кућа? — То је кућа (господин Перић).
Чије је ово перо? — То је перо (господин учитељ).
Чији је ово речник? — То је речник (поручник Петровић).

Чији син је Марко? - Марко је син (Петар Петровић).
Чија ћерка је Мара? - Мара је ћерка (господин) и (госпођа Перић).
Где је шума? - Шума је на (врх) (брдо).
Да ли су зидови (учионица) бели? - Да, зидови (учионица) су бели.
Да ли сте ви затворили врата (учионица)? - Не, ја нисам затворио врата (учионица).
Како је име (потпоручник Марић)? - Име (потпоручник Марић) је Реља.
Ко су становници (inhabitants) (Југославија)? - Становници (Југославија) су Срби, Хрвати и Словенци.
Ко су становници (Америка)? - Становници (Америка) су Американци.
Колики су листови (ружа)? - Листови (ружа) су мали.
Да ли су листови (храст) велики? - Не, листови (храст) нису велики.
Где је ваша учионица? - Наша учионица је на (врх) (брдо).
Шта је на врху (дрво)? - На врху (дрво) је птица.
У чијој кући ви станујете? - Ја станујем у кући (ђенерал Илић).
Који су главни делови (тело)? - Главни делови (тело) су глава, труп, руке и ноге.
Да ли су ноге (столице) и (столови) у (наша учионица) дрвене? - Да, ноге (столице) и (столови) у (наша учионица) су дрвене.
Шта је на врховима (брда)? - На врховима (брда) су шуме.
Чија брига за децу је велика? - Брига (родитељи) за децу је велика.
Да ли су ноге (кревети) на којима спавају војници дрвене? - Не, ноге (кревети) на којима спавају војници нису дрвене.

2. - Translate the following sentences into Serbo-Croatian:

What city is the capital (главни град) of America? - Washington is the capital of America.
What city is the capital of California? - Sacramento is the capital of California.
What city is the capital of Yugoslavia? - Belgrade is the capital of Yugoslavia.
What do you want? - Will you please give me a piece of bread? And what do you want? - I want a cup of coffee.
Whose children are these? - Those are Mr. & Mrs. Doe's children.
Where do you live? - We live in that house on the top of the hill.
What are the main qualities of a cat? - A cat is cautious and clean.
What is the main quality of a fox? - A fox is sly.
What are the main qualities of a dog? - A dog is courageous and faithfull.

ЧЕТВРТИ ДЕО

ШТИВО БРОЈ 3

PART IV

READING EXERCISE NO. 3

Обеди

Кад човек једе доручак, каже се да доручкује. Кад човек једе ручак, каже се да руча. Кад човек једе вечеру, каже се да вечера.

Доручак се једе ујутру. Ручак се једе у подне. Вечера се једе увече.

Неки људи не ручавају, него само доручкују и вечеравају. Други само ручавају и вечеравају, а не доручкују. Неки само доручкују и ручавају, а не вечеравају.

Неки људи пију уз доручак, ручак или вечеру. Други не пију уз обед.

Неки људи једу више него што треба да једу.

ПЕТИ ДЕО

ПИТАЊА ИЗ ШТИВА БРОЈ 3

PART V

QUESTIONS ON THE READING EXERCISE NO. 3

1. Како се каже кад човек једе доручак?
2. Како се каже кад човек једе ручак?
3. Како се каже кад човек једе вечеру?
4. Кад се једе доручак?
5. Кад се једе ручак?
6. Кад се једе вечера?
7. Који људи не ручају?
8. Да ли ви увек ручавате?
9. Који људи не доручкују?
10. Да ли ви увек доручкујете?
11. Који људи не вечеравају?
12. Да ли ви увек вечеравате?
13. Који људи не пију уз обед?
14. Да ли ви пијете уз обед?
15. Да ли ви једете више него што треба да једете?

ШЕСТИ ДЕО

ВЕЖБА ИЗ ПРЕВОЂЕЊА БРОЈ 3

PART VI

TRANSLATION EXERCISE NO. 3

Meals

Today, we spoke about food - who eats where ("who where eats") and what he eats.

(I eat in the Officer's Mess) (I eat in the Non-Commissioned Officer's Mess) (I eat in the Consolidated Mess) (I eat at home).

I have breakfast, I lunch and I have dinner every day. (I do not always lunch).

Today for breakfast I had several scrambled eggs. For lunch, I had a lot of vegetables. I do not eat meat for lunch. Yesterday, I had a cucumber salad (салату од краставаца) for lunch. For dinner I had a big piece of meat. I drink a cup of coffee with each meal.

СЕДМИ ДЕО

РЕЧНИК БРОЈ 3

PART VII

VOCABULARY NO. 3

Abbreviations: v.r. - verb, reflexive
(If a verb has both a transitive and a reflexive form, and if the meaning of the reflexive form is different from that of the transitive form, the meaning of the transitive form will be listed first in the vocabulary, and the meaning of the reflexive form will be listed next in parentheses).

478. хра́на, f. — food
479. хра́нити (се), v.,t., & r.,ipfv. — to feed, to nourish
    pr.t: храни́м, храни́ш, храни́ (to nourish oneself,
    храни́мо, храни́те, хра́не   to eat)
480. мена́жа, f. — mess
    официрска мена́жа — Officer's mess
    подофицирска мена́жа — NCO mess
481. трпеза́рија, f. — dining-room
    војничка́ трпеза́рија — consolidated mess

482. јѐсти, v., t., ipfv. — to eat
    pr.t: јѐдем, јѐдēш, јѐдē
        јѐдēмо, јѐдēте, јѐдӯ
    a.p.p.: јѐо, m., јѐла, f., јѐло, n., — eaten
*482. по̀јести, v., t., pfv. — to eat (up)
    pr.t.: по̀једēм, по̀једēш, по̀једē
        по̀једēмо, по̀једēте, по̀једӯ
    a.p.p: по̀јео, m., по̀јела, f., по̀јело, n. — eaten
483. до̀ручак, m. — breakfast
    gen.sing.: до̀ручка
    pl.: до̀ручци
484. ка̀јгана, f. — scrambled eggs
485. о̀д, prep. — of, from
486. нѐколико, adv. — several
487. ја́је, n. — egg
488. хле̏б, m., pl: хле̏бови — bread, loaf of bread
489. кру̏х, m. — bread
490. пи̏ти, v., t., ipfv. — to drink
    pr.t.: пи̏јēм, пи̏јēш, пи̏јē
        пи̏јēмо, пи̏јēте, пи̏јӯ
*490. по̀пити, v., t., pfv. — to drink (up)
    pr.t: по̀пијēм, по̀пијēш, по̀пијē
        по̀пијēмо, по̀пијēте, по̀пијӯ
491. шо̏ља, f. — cup
492. ка̀фа, f. — coffee
493. ру̀чак, m. — lunch (dinner)
494. ко̀мад, m. — piece
495. по̀вр̂ће, n. — vegetable
496. си̏ноћ, adv. — last night
497. вѐчера, f. — dinner (supper)
498. пѝринач, m., gen.sing: пѝринча — rice
499. кра̏ставац, m. — cucumber
    gen.sing: кра̏ставца
    pl: кра̏ставци
500. шљи̏ва, f. — plum
501. мо̏ћи, v., i., ipfv. and pfv. — can, to be able
    pr.t: мо̏гу, мо̏жēш, мо̏жē
        мо̏жēмо, мо̏жēте, мо̏гӯ
    a.p.p: мо̏гао, m., мо̏гла, f., мо̏гло, n. — been able
502. о̀бед, m. — meal
503. до̀ручковати, v., i., ipfv. & pfv. — to have breakfast
    pr.t: до̀ручкујēм, до̀ручкујēш, до̀ручкујē
        до̀ручкујēмо, до̀ручкујēте, до̀ручкујӯ
504. ру̀чати, v., i., ipfv. & pfv. — to lunch, to dine
    pr.t: ру̀чам, ру̀чаш, ру̀ча
        ру̀чāмо, ру̀чāте, ру̀чају
*504. руча́вати, v., i., ipfv. — to lunch, to dine (iterative)
    pr.t: руча́вāм, руча́вāш, руча́вā
        руча́вāмо, руча́вāте, руча́вају
505. вѐчерати, v., i., ipfv. & pfv. — to have dinner, to have supper
    pr.t.: вѐчерāм, вѐчерāш, вѐчерā
        вѐчерāмо, вѐчерāте, вѐчерају
*505. вечера́вати, v., i., ipfv. — to have dinner, to have supper (iterativ
    pr.t: вечера́вāм, вечера́вāш, вечера́вā
        вечера́вāмо, вечера́вāте, вечера́вају
506. по̏дне, n. — noon

DAILY UNIT IV

ПРВИ ДЕО PART I
ДИЈАЛОГ БРОЈ 4 DIALOGUE NO. 4

Куповање хране (меса и поврћа) Purchasing (of) food ((of) meat and vegetables)

1. Г.Форд: Молим (један) килограм **јагњећег** меса.
1. Mr.Ford: A kilogram of lamb ("**lamb** meat"), please.

   Трговац: Молим, одмах.
   Merchant: Right away ("Right away, please").

2. Г.Ф: Желим такође пола (по) килограма **свињског** меса.
2. Mr.F: I also want half a kilogram of pork ("**pig** meat").

   Трг: Добро. Шта још желите?
   Mer: All right. What else do you wish?

3. Г.Ф: Хоћу килограм сира. Имате ли то?
3. Mr.F: I want a kilogram of cheese. Do you have that?

   Трг: Имам пуно **свежег** сира.
   Mer: I have a lot of **fresh** cheese.

4. Г.Ф: Хоћу такође мало кромпира.
4. Mr.F: I also want some potatoes.

   Трг: **Каквих** кромпира хоћете, **младих** или **старих**?
   Mer: (Of) **What kind** of potatoes do you want, (of) **old** or (of) **new** ones?

5. Г.Ф: Хоћу и **једних** и **других**.
5. Mr.F: I want both, the **one** and the **other** ("of **the ones** and of **the others**").

   Трг: Колико хоћете?
   Mer: How much do you want?

6. Г.Ф: Хоћу по (једно) кило од сваке врсте.

   Трг: Молим. Шта још?

7. Г.Ф: Желим такође мало патлиџана, црвених и плавих.

   Трг: Хоћете ли по једно кило?

8. Г.Ф: Да. Затим, неколико краставаца.

   Трг: Каквих хоћете, свежих или киселих.

9. Г.Ф: Киселих. Такође молим главицу киселог купуса.

   Трг: Ви не волите сладак купус?

10. Г.Ф: Не, али волим зелену салату.

    Трг: Колико главица зелене салате желите?

11. Г.Ф: Само једну.

    Трг: Желите ли још што?

12. Г.Ф: Не. А да, хоћу такође мало црног лука и мало белог лука.

    Трг: Да, то је добро за салату.

---

6. Mr.F: I want one kilo of each kind.

   Mer: OK. What else?

7. Mr.F: I also want some tomatoes and eggplants ("red and blue tomatoes").

   Mer: Do you want one kilo of each?

8. Mr.F: Yes. Then, a few cucumbers.

   Mer: (Of) What kind do you want, (of) the fresh or (of) the pickled ones?

9. Mr.F: (Of) The pickled ones. Also, a head of sour cabbage, please.

   Mer: You don't like ("sweet") cabbage?

10. Mr.F: No, but I like lettuce ("green salad").

    Mer: How many heads of lettuce do you wish?

11. Mr.F: Only one.

    Mer: Do you wish anything else?

12. Mr.F: No. Oh yes, I also want some onions and some garlic.

    Mer: Yes, that is good for the salad.

ДРУГИ ДЕО

ГРАМАТИЧКА АНАЛИЗА БРОЈ 4

PART II

GRAMMAR ANALYSIS NO. 4

PAR. 72 - THE GENITIVE SINGULAR OF MASCULINE AND NEUTER ADJECTIVES

1. -   Књиге добра ученика су чисте.
       The books of a good student are clean.
       Ја не волим да станујем на врху стрма брда.
       I do not like to live at the top of a steep hill.

The genitive singular of all masculine and neuter adjectives in the indefinite form is made by adding the ending "a" to the stem:

Nom.sing.masc:	stem:	gen.sing.masc.& neuter:
добар	добр-	добр-а
стрм	стрм-	стрм-а
врућ	врућ-	врућ-а
свеж	свеж-	свеж-а
бео	бел-	бел-а
кисео	кисел-	кисел-а

2. - (3) Имам пуно свежег сира.
     (9) Такође молим главицу киселог купуса.
    (12) А да, хоћу такође мало црног и белог лука.
     (1) Молим један килограм јагњећег меса.
     (2) Желим такође пола килограма свињског меса.

The genitive singular of masculine and neuter adjectives in the definite form is made:
a) If the stem does not end in a palatal consonant, by adding the ending "-ог" to the stem:

Nom.sing.masc:	stem:	gen.sing.masc.& neuter:
кисео	кисел-	кисел-ог
црн	црн-	црн-ог
бео	бел-	бел-ог
свињски	свињск-	свињск-ог

b) If the stem ends in a palatal consonant, by adding the ending "-ег" to the stem:

Nom.sing.masc:	stem:	gen.sing.masc.& neuter:
свеж	свеж-	свеж-ег
јагњећи	јагњећ-	јагњећ-ег

PAR. 73 - THE GENITIVE SINGULAR OF FEMININE ADJECTIVES

(10) Колико главица <u>зелене</u> салате желите?
Имате ли <u>свеже</u> говеђине?
Do you have <u>fresh</u> beef?
Молим један килограм <u>телеће</u> цигерице.
A kilogram of <u>calf's liver</u>, please.

The genitive singular of all <u>feminine adjectives</u> is formed by adding the ending "<u>-e</u>" to the stem:

Nom.sing.fem:	зелена	stem:	зелен-	gen.sing.fem:	зелен-е
	свежа		свеж-		свеж-е
	телећа		телећ-		телећ-е
	бела		бел-		бел-е
	кисела		кисел-		кисел-е

PAR. 74 - THE GENITIVE PLURAL OF ADJECTIVES

(4) Каквих кромпира хоћете, <u>младих</u> или <u>старих</u>?
(7) Желим такође мало патлицана, <u>црвених</u> и <u>плавих</u>.
(8) Каквих краставаца хоћете, <u>свежих</u> или <u>киселих</u>?
Имам неколико <u>добрих</u> књига.
I have some (several) <u>good</u> books.
Месо неких <u>дивљих</u> животиња није добро за јело.
The meat of some <u>wild</u> animals is not good to eat (for eating).
Врхови <u>добрих</u> пера нису сувише оштри.
The points of <u>good</u> pens are not too sharp.

The genitive plural <u>of all adjectives</u> is formed by adding the ending "<u>-их</u>" to the stem:

Nom.sing.masc:	млад	stem:	млад-	gen.pl.masc.,fem.& neuter:
	стар		стар-	млад-их
	црвен		црвен-	стар-их
	плав		плав-	црвен-их
	свеж		свеж-	плав-их
	кисео		кисел-	свеж-их
	добар		добр-	кисел-их
	дивљи		дивљ-	добр-их
				дивљ-их

<u>NOTE</u>: The genitive singular and plural of adjectival pronouns, ordinal numerals, and the cardinal numeral "један" is made on the same pattern as the genitive singular and plural of adjectives:
(4) <u>Каквих</u> кромпира хоћете, младих или старих?
(5) <u>Хоћу</u> и <u>једних</u> и <u>других</u>.
(6) Хоћу по једно кило од <u>сваке</u> врсте.
Желите ли једну главицу <u>ове</u> или <u>оне</u> салате?
Do you want a head of <u>this</u> lettuce or <u>that</u> over there?

ТРЕЋИ ДЕО

ГРАМАТИЧКЕ ВЕЖБЕ БРОЈ 4

PART III

GRAMMAR EXERCISES NO. 4

Put the words in the parentheses into the proper form:

Који су главни делови (човечије тело)? - Главни делови (човечије тело) су глава, труп, руке и ноге.
Који је број (наша учионица)? - Број (наша учионица) је три.
Како је име (ваш отац) и (ваша мајка)? - Име (мој отац) је Петар, а име (моја мајка) Мара.
Како је име (ваше дете)? - Име (моје дете) је Ђорђе.
Ко је командир (прва чета)? - Командир (прва чета) је капетан Илић.
Шта видите на врху (она висока кућа)? - На врху (она висока кућа) видим птицу.
Чије књиге су увек чисте? - Књиге (добар ученик) су увек чисте.
Да ли су књиге (лоши ученици) увек чисте? - Не, књиге (лоши ученици) нису увек чисте.
Чија су та деца? - Ова деца су синови и ћерке (наш старији син).
Чија су она деца? - Она деца су синови и ћерке (наш млађи син).
Ко су оне девојке? - Оне девојке су ћерке (наш учитељ).
Чија коса је бела? - Коса (стар човек) је обично бела.
Да ли је коса (млад човек) бела? - Коса (млад човек) обично није бела.
Да ли сте затворили врата (наша учионица)? - Не, нисам затворио врата (наша учионица).
Који број је (њихова учионица)? - Број (њихова учионица) је један.
Чији су учитељи задовољни? - Учитељи (марљиви) и (пажљиви ученици) су задовољни.
Ко је онај господин? - Онај господин је муж (моја сестра).
Како се зове муж (ваша сестра)? - Муж (моја сестра) се зове Петар Петровић.
Како је име (овај лепи град)? - Име (овај лепи град) је Монтереј.
Да ли су деца (добри родитељи) увек добра? - Не, деца (добри родитељи) нису увек добра.
Која је оно географска карта? - Оно је географска карта (Југославија).
Како је име (држава) у којој ми живимо? - Име (држава) у којој ми живимо је Калифорнија.
Како зовемо оца (наш отац)? - Оца (наш отац) зовемо дед.
Како зовемо мајку (наша мајка)? - Мајку (наша мајка) зовемо баба.

ЧЕТВРТИ ДЕО PART IV
ШТИВО БРОЈ 4 READING TEXT NO. 4

Месо

Човек једе месо од великог броја домаћих и дивљих животиња. Месо од неких дивљих животиња је врло укусно.

Јагњеће месо се зове такође јагњетина, а свињско месо се такође зове свињетина. Месо од овце се зове овчије месо или овчетина. Месо од вола или од краве се зове говеђе месо или говеђина. Човек једе и многе друге врсте меса. У неким земљама се једе и коњско месо.

Неки делови животињског тела су врло укусни за јело. Тако, на пример: мозак, језик, џигерица и бубрези, нарочито телећи мозак, телећи језик, телећа џигерица, телећи бубрези.

ПЕТИ ДЕО PART V

ПИТАЊА ИЗ ШТИВА БРОЈ 4 QUESTIONS ON THE READING TEXT NO. 4

1. Да ли човек једе месо од свих домаћих животиња?
2. Од којих дивљих животиња човек једе месо?
3. Да ли је укусно месо од дивљих животиња?
4. Како се још зове јагњеће месо?
5. Како се још зове свињско месо?
6. Како се зове месо од овце?
7. Како се још зове овчије месо?
8. Како се зове месо од вола?
9. Како се зове месо од краве?
10. Како се још зове говеђе месо?
11. Које друге врсте меса човек једе?
12. Да ли се коњско месо једе у свим земљама?
13. Једете ли ви коњско месо?
14. Који су делови животињског тела укусни за јело?
15. Да ли ви волите да једете телећи мозак?
16. Да ли је телећа џигерица добра храна?
17. Какав језик ви више волите: телећи или говеђи?
18. Да ли ви волите да једете телеће бубреге?

ШЕСТИ ДЕО   PART VI

ВЕЖБА ИЗ ПРЕВОЂЕЊА БРОЈ 4   TRANSLATION EXERCISE NO. 4

Purchasing of food

Mr. Ford bought a kilogram of lamb and half a kilogram of pork.

He also bought a kilo each of fresh cheese, old potatoes, new potatoes, tomatoes, and eggplants. Then he bought several cucumbers, a head of sour cabbage, a (head of) lettuce, some onions and some garlic.

I like all kinds of meat, as beef, veal, lamb, mutton, and pork. I also like to eat calf's liver, tongue and kidneys They are very tasty. I do not like to eat brains.

СЕДМИ ДЕО   PART VII

РЕЧНИК БРОЈ 4   VOCABULARY NO. 4

507. ку́пити, v., t., pfv.   - to buy, to purchase
     pr. t: ку́пӣм, ку́пӣш, ку́пӣ
            ку́пӣмо, ку́пӣте, ку́пе̄
*507. купо̀вати, v., t., ipfv.   - to buy, to purchase
     pr. t: ку̀пӯје̄м, ку̀пӯје̄ш, ку̀пӯје̄
            ку̀пӯје̄мо, ку̀пӯје̄те, ку̀пӯјӯ
508. купо̀ва̄ње, n.   - purchasing
509. ки̏лограм, m., кило, n.   - kilogram, kilo
510. ја̏гње̄ћӣ, adj., m.   - lamb
     ја̏гње̄ћа̄, f.
     ја̏гње̄ће̄, n.
511. по̏ла (по), numeral   - half
512. сви́ња, f.   - swine, sow
*512. сви́њскӣ, adj., m.   - swine
     сви́њска̄, f.
     сви́њско̄, n.
     сви́њско ме̑со   - pork
513. хте̏ти, v., t., & i., ipfv. & pfv. - to want
     pr. t: хо̀ћу, хо̀ћеш, хо̀ће
            хо̀ћемо, хо̀ћете, хо̀ће
514. си̏р, m.   - cheese
     pl: си̏реви
515. кро̀мпӣр, m.   - potato
     мла̑д кро̀мпӣр   - new potato

516.	вр̀ста, f.	– kind
517.	цр́вен, adj.,m.	– red
	цр̀вена, f.	
	цр̀вено, n.	
	патлѝџа̄н, m.	
518.	цр́вени патлѝџа̄н (парадајз)	– tomato
519.	пла̏ви патлѝџа̄н	– eggplant
520.	гла̀вица, f. кѝсела,f.	little head;(head of a
521.	кѝсео, adj.,m. кѝсело,n.	sour, pickled/vegetable)
522.	сла̀дак, adj.,m.	– sweet
	сла̀тка, f.	
	сла̀тко, n.	
523.	ку̀пус, m.	– cabbage
	сла̀дак ку̀пус	– sweet cabbage
	кѝсео ку̀пус	– sour cabbage
524.	зѐлен, adj.,m.	– green
	зѐлена, f.	
	зѐлено, n.	
525.	сала́та, f.	– salad
526.	зѐлена сала́та, f.	– lettuce
	лу̀к, m.	
527.	цр́ни лу̀к	– onion
528.	бе́ли лу̀к	– garlic
529.	у̀кусан, adj.,m.	– tasty
	у̀кусна, f.	
	у̀кусно, n.	
530.	ја̀гњетина, f.	– lamb (meat)
531.	свѝњетина, f.	– pork
532.	зва̀ти (се), v.,t., & r., ipfv.	– to call (to be called)
	pr.t: зо̀ве̄м,зо̀ве̄ш,зо̀ве̄	
	зо̀ве̄мо,зо̀ве̄те,зо̀вӯ	
533.	о̀вчији, adj.,m.	– sheep
	о̀вчија, f.	
	о̀вчије, n.	
534.	о̀вчетина, f.	– mutton
535.	во̄, m.	– ox
	gen.sing: во̀ла	
	pl: во̀лови	
536.	го̀ве̄ђина, f.	– beef
*404.	ко̀њскӣ, adj.,m.	– horse
	ко̀њска̄, f.	
	ко̀њско̄, n.	
537.	јѐло, n.	– eating
538.	џѝгерица, f.	– liver (animal)
539.	тѐлећӣ, adj.,m.	– calf
	тѐлећа̄, f.	
	тѐлеће̄, n.	
540.	пу̀но, adv.	– a lot
541.	а да, conj.	– Oh yes

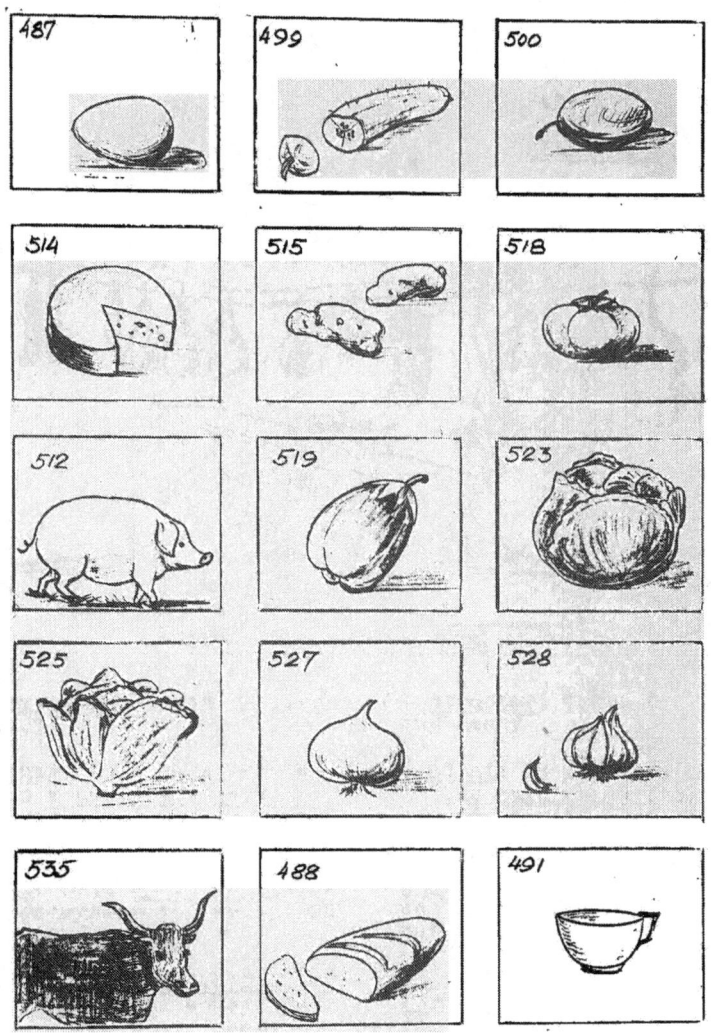

LESSON V
DAILY UNIT I

ПРВИ ДЕО

ДИЈАЛОГ БРОЈ 1

PART I

DIALOGUE NO. 1

О јелима

About foods (dishes)

1. **Наставник**: Где ви купујете месо?

   Ученик: Моја жена купује месо у месарници једног мог пријатеља.

1. **Instructor**: Where do you buy meat?

   Student: My wife buys meat in the butcher shop of a friend of mine ("of one my friend").

2. **Наст**: Које врсте меса могу да се купе у тој месарници?

   Уч: У месарници Форда, тог мог пријатеља, можете да купите све врсте меса.

2. **Instr**: What kinds of meat can be bought in that butcher shop?

   Stu: In the butcher shop of Ford, that friend of mine, you can buy all kinds of meat.

3. **Наст**: Да ли може тамо да се добије прасетина?

   Уч: У Америци се прасеће месо не једе тако често.

3. **Instr**: Can one get suckling pig meat there?

   Stu: In America, suckling pig meat is not eaten so often.

4. Наст: У Југославији доста често једу прасеће месо.

   Уч: Која друга јела се једу у Југославији?

5. Наст: На пример, често се једе сарма.

   Уч: Сарма? Од чега се она прави?

6. Наст: Она се прави од меса, пиринча, црног лука и од листова купуса, било слатког, било киселог (купуса).

   Уч: То мора да је укусно.

7. Наст: Јесте. И мусака је врло укусна.

   Уч: А од чега се она прави?

8. Наст: Она се прави од меса, јаја, плавих патлиџана и кромпира.

   Уч: Које је још јело добро?

9. Наст: Ђувеч. Он се прави од меса, пиринча, кромпира, црног лука, паприка, црвених и плавих патлиџана.

   Уч: Од којих врста меса се праве та јела?

10. Наст: Од разних врста а нарочито од говеђег, свињског и јагњећег меса.

    Уч: Каквог је квалитета месо у Југославији?

---

4. Instr: In Yugoslavia, they eat suckling pig meat fairly often.

   Stu: What other foods (dishes) are eaten in Yugoslavia?

5. Instr: For example, _sarma_ is eaten often.

   Stu: Sarma? What is it made of?

6. Instr: It is made of meat, rice, onion, and of cabbage leaves, of either sweet or sour cabbage.

   Stu: That must be tasty.

7. Instr: It is. "Musaka" is very tasty too.

   Stu: And what is it made of?

8. Instr: It is made of meat, eggs, eggplants and potatoes.

   Stu: What other dish is good?

9. Instr: Ђувеч. It is made of meat, rice, potatoes, onion, peppers, tomatoes and eggplants.

   Stu: Of what kinds of meat are these dishes made?

10. Instr: Of various kinds, but particularly of beef, pork and lamb.

    Stu: Of what quality is meat in Yugoslavia?

11. **Наст**: Оно је доброг
    квалитета, али не у свим
    деловима Југославије.

11. **Instr**: It is of good
    quality, but not in all
    parts of Yugoslavia.

ДРУГИ ДЕО

ГРАМАТИЧКА АНАЛИЗА БРОЈ 1

PART II

GRAMMAR ANALYSIS NO. 1

PAR. 75 – THE GENITIVE POSSESSIVE

The genitive possessive indicates that the noun possesses something or that something pertains to it. Consequently, the genitive possessive takes the role of the possessive adjectives in the following instances:

1. – When the noun in question does not form a possessive adjective (which often occurs with inanimate nouns):

(6) Она се прави од меса, пиринча и црног лука и од листова купуса, било слатког, било киселог.
Врата учионице су широка.
The door of the classroom is wide.
Птица је на врху куће.
The bird is on the top of the house.
Наша учионица је при врху брда.
Our classroom is at the top of the hill.
Кровови барака у нашем логору су зелени.
The roofs of the barracks in our camp are green.

2. – When the possessive adjective exists but the possession is expressed by more than one word (a phrase or a clause):

(1) Моја жена купује месо у месарници једног мог пријатеља.

Ми станујемо у кући господина Петровића.
We live in Mr. Petrovich's house.
But: Ми станујемо у Петровићевој кући.
We live in Petrovich's house.
Мара је сестра капетана Перића.
Mary is Captain Perich's sister.
But: Мара је капетанова (or: Перићева) сестра.
Mary is the captain's (or: Perich's) sister.

(2) У месарници Форда, тог мог пријатеља, можете да купите све врсте меса.
Ово су деца Перића, кога сте видели јутрос.
These are the children of Perich, whom you saw this morning.

NOTE: The relationship expressed by the genitive possessive is not always true possession; it may be a vaguer relationship of a descriptive nature.

(11) Оно је доброг квалитета али не у свим деловима Југославије.
Капетан Илић је командир чете.
Captain Ilich is a company commander.
Ми смо ученици Војне школе за стране језике.
We are students of the Army Language School

PAR. 76 - THE GENITIVE OF QUALITY

(2) Које врсте меса могу да се купе у тој месарници?
Мајке тврда срца су ретке.
Mothers with a hard heart are rare.
Јутрос сам видео једну врло лепу девојку плаве косе и црних очију.
This morning I saw a very pretty girl with blond hair and with dark eyes.
Молим вас једну карту прве класе.
Will you please give me a first class ticket.
Које боје је табла? - Табла је црне боје.
What color is the blackboard? - The blackboard is black.

PAR. 77 - THE GENITIVE OF ORIGIN

Његова породица је српског порекла.
His family is of Serbian origin.
У Америци живе људи разних народности.
In America live people of different nationalities.

The genitive denoting the origin of somebody or something is called the genitive of origin.

ТРЕЋИ ДЕО   PART III

ГРАМАТИЧКЕ ВЕЖБЕ БРОЈ 1   GRAMMAR EXERCISES NO. 1

Put the words in the parentheses into the proper form:
Зашто није дошла жена (поручник господин Петровић)? - Жена
(поручник господин Петровић) није дошла, јер је њен син болестан.
У чијој кући ви станујете? - Ја станујем у (кућа) (мајор Перић).
Где је радња (господин) и (госпођа Марић)? - Радња (господин) и
(госпођа Марић) је у (улица) (Црвена армија).
Да ли су деца (добри родитељи) увек добра? - Не, деца (добри
родитељи) нису увек добра.
Да ли волите мој шешир? - Не, ја не волим боју (ваш шешир).
Ко је ваша баба? - Мајка (моја мајка) је моја баба.
А ко је ваш дед? - Отац (моја мајка) је мој дед.
Ко је још ваш дед и ваша баба? - Отац (мој отац) и мајка
(мој отац) су такође мој дед и моја баба.
Ко су ваши унуци и ваше унуке? - Моји унуци и моје унуке су
синови и ћерке (моји синови) и (моје ћерке).
Да ли је врх (ваше перо) оштар? - Не, врх (моје перо) није
оштар.
Где је шума? - Шума је на (врх брдо).
Како је име (ваша ћерка)? - Име (моја ћерка) је Мара.
Које су главне особине (мачка)? - Мачка је обазрива и чиста.
Које су главне особине (пас)? - Пас је храбар и одан.
(Која боја) су зидови (наша учионица)? - Зидови (наша
учионица) су бели.
(Која боја) је табла? - Табла је (црна боја).
Ко су становници (inhabitants) (Југославија)? - Становници
(Југославија) су Срби, Хрвати и Словенци.
Који је главни град (Југославија)? - Главни град (Југославија)
је Београд.
Син (господин), који седи, је мој пријатељ.
(Који чин) је командант (наша школа)? - Командант (наша школа)
је пуковник.
У којем делу (Сједињене Америчке Државе) (United States
of America) је Калифорнија? - Калифорнија је у (западни део)
(western part) (Сједињене Америчке Државе).
Које су још државе у (западни део) (Сједињене Америчке Државе)?
- У (западни део) (Сједињене Америчке Државе) су још државе
Орегон и Вашингтон.
На обали (coast) (који океан) су државе Калифорнија, Орегон и
Вашингтон? - Државе Калифорнија, Орегон и Вашингтон су на обали
(Пацифички Океан).
(Какво срце) је ваш пријатељ Марко? - Мој пријатељ Марко је
врло (добро срце).
(Које порекло) су ваши родитељи? - Моји родитељи су (хрватско
порекло).

ЧЕТВРТИ ДЕО PART IV

ШТИВО БРОЈ 1 READING TEXT NO. 1

Како се спрема и једе месо у Југославији

Месо се купује било свеже, било сушено, било конзервирано. У Југославији се обично једе свеже месо или сушено месо. Конзервирано месо се једе доста ретко.

Сушено месо се зове пршута: говеђа пршута и свињска пршута. Да се добије апетит, пред ручак или вечеру једе се мало пршуте или сланине и пије се мало ракије.

Свеже месо се једе кувано, печено, пржено или на жару.

Месо се једе кувано у разним јелима, као на пример у сарми. И сушено месо се често једе кувано, нарочито кувано у пасуљу. Печено месо се зове печење: телеће, јагњеће, прасеће печење. Месо и поврће у мусаки и у ђувечу је печено, а не кувано. Бифтек се једе пржен или на жару. Ћевапчићи се спремају на жару.

ПЕТИ ДЕО PART V

ПИТАЊА ИЗ ШТИВА БРОЈ 1 QUESTIONS ON THE READING TEXT NO. 1

1. Које месо се једе у Југославији?
2. Да ли се конзервирано месо једе у Југославији често?
3. Волите ли ви сушено месо?
4. Шта се једе у Југославији пред ручак да се добије апетит?
5. Шта се пије у Југославији пред ручак да се добије апетит?
6. Да ли сте ви видели пршуту?
7. Да ли сте јели пршуту?
8. Које врсте пршуте се једу у Југославији?
9. Од које животиње се прави сланина?
10. Како се спрема (како се једе) свеже месо?
11. Да ли је месо у сарми кувано или пржено?

12. Да ли је месо у ђувечу кувано или печено?
13. Да ли је месо у мусаки печено или пржено.
14. Како се спрема (како се једе) месо у пасуљу?
15. Како се још зове печено месо?
16. Које врсте печења ви знате?
17. Како ви једете бифтек: пржен или на жару?
18. Како се једу ћевапчићи: печени или на жару?
19. Које јело у Америци је као сарма?
20. Које јело у Америци је као ћевапчићи?

ШЕСТИ ДЕО   PART VI

ВЕЖБА ИЗ ПРЕВОЂЕЊА БРОЈ 1   TRANSLATION EXERCISE NO. 1

How meat is eaten in Yugoslavia

Today we spoke about meat: how meat is prepared and eaten in Yugoslavia. They eat there a lot of fresh meat and dried meat. Canned meat is eaten seldom.

Meat is eaten boiled, roasted, fried or grilled. In Yugoslavia they like to eat: dried beef and dried pork (before meals, with brandy, or boiled in beans for the chief meal); ћевапчићи (which are a kind of hamburger); suckling pig roast; and special dishes, like sarma, musaka and ђувеч. These dishes are made of meat and vegetables. They put in them ("there") all kinds of meat - a little beef, a little lamb, a little pork, and a little veal. They also put in them ("there") all kinds of vegetables, as cabbage, tomatoes, eggplants, peppers and onions, and often also rice and potatoes.

As in America, in different parts of Yugoslavia they have different dishes. Meat, which is of good quality, is bought in butcher shops.

СЕДМИ ДЕО

РЕЧНИК БРОЈ 1

PART VII

VOCABULARY NO. 1

*537. је̏ло, — food; dish (course)
542. мѐса̄рница, f. — butcher shop
543. при̏јатељ, m. — friend
544. та̏мо, adv. — there
545. Амѐрика, f. — America
546. пра̀сетина, f. — suckling pig meat
547. пра̀сећӣ, adj.,m. — suckling pig
 пра̀сећа̄, f.
 пра̀сећē, n.
548. са̑рма, f. — sarma (Yugoslav dish-
 stuffed cabbage)
 *б. би́ло...би́ло, conj. — either....or
549. пра̀вити, v.,t.,ipfv. — to make
 pr.t: пра̀вӣм,пра̀вӣш,пра̀вӣ
 пра̀вӣмо,пра̀вӣте,пра̀вē
*549. на̀правити, v.,t.,pfv. — to make
 pr.t: на̀правӣм,на̀правӣш,на̀правӣ
 на̀правӣмо,на̀правӣте,на̀правē
550. муса̀ка, f. — musaka (Yugoslav dish, made
 chiefly of meat and eggplants)
551. ђу̀веч, m. — ђу̀веч (Yugoslav dish, made
 chiefly of meat and tomatoes)
552. квалӣте̄т, m. — quality
553. су̑шен, adj.,(pass.part.), m. — dried
 су̑шена, f.
 су̑шено, n.
554. конзерви́ран, adj.,(pass.part.).,m. — canned
 конзерви́рана, f.
 конзерви́рано, n.
555. ре́тко, adv. — seldom
556. пр̏шута, f. — пр̏шута (dried and smoked meat)
557. сла̀нина, f. — bacon
*15. да, conj. — in order that, in order to
558. апети́т, m. — appetite
559. ра̀кија, f. — brandy
560. ку̏ван, adj., (pass.part.), m. — boiled
 ку̏вана, f.
 ку̏вано, n.
561. пе̏чен, adj.,(pass.part.), m. — baked, roasted
 пе̏чена, f.
 пе̏чено, n.
*100. чѐга, — of what (genitive case of
 what)

562. пр̏жен, adj., (pass.part.), m. - fried
    пржена, f.
    пржено, n.
563. жа̑р, m.   - redhot coals
    на жа́ру   - grilled
564. па̀суљ, m.   - bean
565. пече́ње, m.   - roast-meat
566. би̏фтек, m.   - beefsteak
    pl : бифтеци
567. ћева̀пчић, m.   - ћевапчић (Yugoslav dish-
                                  hamburger)

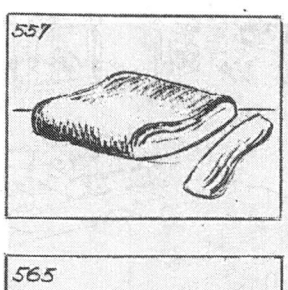
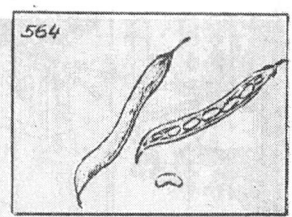
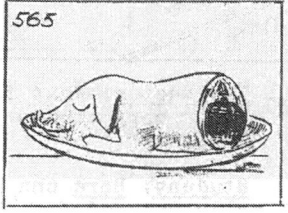
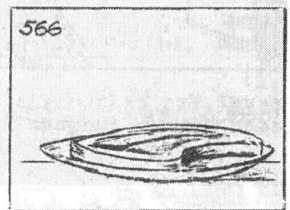

DAILY UNIT II

ПРВИ ДЕО | PART I

ДИЈАЛОГ БРОЈ 2 | DIALOGUE NO. 2

Где купујемо храну | Where we buy foods

1. **Наставник**: Шта се продаје по бакалницама у Америци?

   Ученик: Овде се по бакалницама могу да добију све врсте хране.

2. **Наст**: А где се купује храна у Југославији?

   Уч: Ја не знам где се купује храна онамо.

3. **Наст**: Онамо се храна продаје по разним радњама.

   Уч: Тако је и овде било раније.

1. **Instructor**: What is sold in grocery stores in America?

   Student: Here one can get all kinds of food (all kinds of foods can be got) in grocery stores.

2. **Instr**: And where does one buy food in Yugoslavia?

   Stu: I do not know where one buys food there (over there).

3. **Instr**: There (over there), food is sold in various kinds of stores.

   Stu: Here, too, it was like that before.

4. **Наст**: Ви сте већ учили где се продаје месо, зар не?

   Уч: Да, јесмо; месо се продаје у месарници.

5. **Наст**: А <u>куда</u> (<u>камо</u>) ви идете кад хоћете да купите неку нарочиту врсту хлеба?

   Уч: Идем у бакалницу или у пекарницу.

6. **Наст**: Одакле (Откуда) бакалнице обично добијају хлеб?

   Уч: И оне купују хлеб од пекарница, као и ми.

7. **Наст**: Где ви купујете млеко?

   Уч: У бакалници или у млекари.

8. **Наст**: А поврће и воће?

   Уч: То купујем у бакалници.

9. **Наст**: У Југославији се свеже поврће и воће продаје у пиљарници.

   Уч: И у Америци неки купују поврће и воће у пиљарници.

4. **Instr**: You have already learned where meat is sold, haven't you?

   Stu: Yes, we have; meat is sold in a butcher shop.

5. **Instr**: And where ("whereto") do you go when you want to buy some special kind of bread?

   Stu: I go to a grocery store or to a bakery.

6. **Instr**: <u>From where</u> do grocery stores usually get (their) bread?

   Stu: They, too, buy bread from bakeries, just as we (do).

7. **Instr**: <u>Where</u> do you buy milk?

   Stu: In a grocery store or in a dairy (shop).

8. **Instr**: And vegetables and fruit?

   Stu: Those ("That") I buy in a grocery store.

9. **Instr**: In Yugoslavia, fresh vegetables and fruit are sold ("is sold") in a produce store.

   Stu: In America, too, some buy vegetables and fruit in a produce store.

10. Наст: У колико радња
    (радњи) ви купујете храну?

    Г.Форд: Ја купујем у
    неколико радња (радњи)
    као на пример у радњи
    "Safeway".

11. Наст: Колико хране
    купујете у бакалници
    "Safeway"?

    Уч: Ја онде купујем много
    (доста, мало) хране.

12. Наст: Да ли ви увек
    купујете толико хране?

    Уч: Како кад. Каткад
    купим више, а каткад мање
    (хране).

10. Instr: In how many stores
    do you buy food?

    Mr.Ford: I buy in several
    stores, as for example in
    the "Safeway" store.

11. Instr: How much food do
    you buy in the "Safeway"
    store?

    Stu: I buy there a lot
    (enough, little) of food.

12. Instr: Do you always buy
    that much food?

    Stu: That depends. Sometimes I buy more, sometimes less (food).

ДРУГИ ДЕО PART II

ГРАМАТИЧКА АНАЛИЗА БРОЈ 2 GRAMMAR ANALYSIS NO. 2

PAR. 78 - ADVERBS

An adverb is a word that modifies a verb, an adjective or another adverb; it tells us how, or where, or when an action denoted by the verb is done:

> Учитељ говори полако.
> The teacher speaks slowly.
> Марко је врло марљив.
> Mark is very diligent.
> Ја чујем врло добро.
> I hear very well.

PAR. 79 - ADVERBS OF PLACE

Adverbs of place are used either to point out the place where something is located or where something happens (demonstrative adverbs of place), or to inquire where that place is (interrogative adverbs of place). The former answer the latter.

1. - (1) Овде се по бакалницама могу да добију све врсте хране.
    Ко живи ту сем господина Перића?
    Who lives there besides Mr. Perich?

    (11) Ја онде купујем много хране.
    Казао ми је да он не може да дође овамо.
    He told me that he was not able to come here.
    Да ли желите да ја дођем тамо?
    Do you want me to come (over) there?

    (3) Онамо се храна продаје по разним радњама.
    Овде је табла, ту је сто, а онде је прозор.
    Here is the blackboard, there is the table, and over there is the window.

"Овде" (here), "ту" (there), "онде" (over there), and "овамо" (over here, hereto), "тамо" (over there, hereto), "онамо" (over there, thereto) are the most common demonstrative adverbs of place. They are derived from the demonstrative pronouns "овај", "тај", "онај" and in order to point out the location of an object they are used analogically with these pronouns (Par. 49).

"Овде", "ту" and "онде" are preferably used to denote the location when motion is not involved. "Тамо" and "онамо" are preferably used when motion is involved. "Овамо" is used only when motion is involved.

2. - (2) А где се купује храна у Југославији?
   (5) А куда (камо) ви идете кад хоћете да купите неку нарочиту врсту хлеба?
   (6) Одакле (Откуда) бакалнице обично добијају хлеб?
   Где ви купујете хлеб?
   Откуда долазите?
   Where from are you coming?
   Одакле је ваш учитељ?
   Where is your teacher from?

"Где?" (Where?), "Куда?" or "Камо?" (Whither?) and "Одакле?" or "Откуда?" (Whence? or Where from?) are interrogative adverbs of place.

"Где?" is used to form questions when motion is not involved.

"Куда?" and "Камо?" inquire about motion towards.

"Одакле?" and "Откуда?" are used to inquire about place from which. "Одакле?" is used both when motion is involved and when it is not involved. "Откуда?" is used only when motion is involved.

PAR. 80 - ADVERBS OF QUANTITY

   (11) Колико хране ви купујете у бакалници "Safeway"?
   (11) Ја онде купујем много хране.

   Ретки су предели где има оволико воћа.
   Rare are the areas where there is as much (of) fruit as here (this).
   (12) Да ли ви увек купујете толико хране?
   Ми немамо толико хлеба.
   We do not have that much (of) bread.
   Где је могао да купи онолико злата?
   Where could he have bought so much (of) gold?

"Оволико" (this much, as much as this, as many as these), "толико" (that much, as much as that, as many as those), "онолико" (that much, as many as that over there, as many as those over there) are adjectives of quantity derived from the demonstrative pronouns "оволики", "толики" and "онолики" (Par. 49) and are used analogically.

2. - (10) У колико радња ви купујете храну?
   (11) Колико хране купујете у бакалници "Safeway"?

"Колико?" is an interrogative adverb of quantity which is derived from the interrogative pronoun "Колики?"

3. - (10) Ја купујем у неколико радња, као на пример у радњи "Safeway".
   (11) Ја онде купујем много (доста, мало) хране.
   (12) Каткад купим више, а каткад мање (хране).
   У учионици има много ученика.
   There are many students in the classroom.
   У шољи има само мало кафе.
   There is only a little coffee in the cup.

"Неколико" (several, a few), "мало" (little, a few), "много" (much, many), "доста" (enough, sufficiently, fairly), "више" (more), "мање" (less, fewer) are other common adverbs of quantity.

4. - If any of the adverbs mentioned under 1, 2 & 3 is used with a noun, the latter must stand in the genitive singular when it denotes mass (колико хране, оволико воћа, толико хлеба, онолико злата, мало кафе, etc.) and in the genitive plural when it names objects which can be counted (колико радња, неколико радња, много ученика, etc.). This genitive is called the genitive partitive (see Par. 81).

ТРЕЋИ ДЕО   PART III

ГРАМАТИЧКЕ ВЕЖБЕ БРОЈ 2   GRAMMAR EXERCISES NO. 2

1. - Choose the right adverb and put the other words in the parentheses into the proper form:
(Где, Куда) ви станујете? - Ја станујем у (станови) за нежењене официре.
(Где, Камо) је креда? - Креда је на (табла).
(Где, Куда, Камо) смо ми сада ? - Ми смо сада у (учионица).
(Где, Куда) идете сваки дан? - Ја идем у (школа) сваки дан.
(Где, Куда) је ваша мајка? - Моја мајка је отишла у (бакалница).
(Где, Куда) се улази у (кућа)? - У (кућа) се улази на (врата).
(Где, Камо) одлазите сутра? - Сутра одлазим за (Европа).
Ко станује (овде, овамо)? - (Овде, Овамо) станује породица Петровић .
Када долазите (овде, овамо)? - (Тамо, Ту) долазим сутра.

2. - Put the words in the parentheses into the proper form:
Колико (шећер) има у (џак)? - У (џак) има мало (шећер).
Једете ли ви много (месо)? -Не, ја не једем много (месо).
Пијете ли много (кафа)? - Да, ја пијем много (кафа).
Има ли много (ученици) у (наша школа)? - Да, у (наша школа) има много (ученици).
Колико (столови) има у (наша учионица)? - У (наша учионица) има шест столова.
Колико (столице) има у (наша учионица)? - У (наша учионица) има дванаест (twelve) столица.

Колико (ученици) има у (наша учионица)? - У (наша учионица) има једанаест (eleven) ученика.
Колико (ученице) има у (наша учионица)? - У (наша учионица) има једна ученица.
Да ли ви једете више (месо) или (хлеб)? - Ја једем више (хлеб) него (месо).
Када једете мање (воће), лети или зими? - Зими једем мање (воће) него лети.
Има ли у (Калифорнија) доста (поврће)? - Да, у (Калифорнији) има доста (поврће).
Колико (бакалнице) има у (Монтереј)? - У (Монтереј) има много (бакалнице).
Зашто у (Југославија) нема доста (храна)? - Ја не знам.
Колико (јаја) поједете за доручак? - Ја поједем два (јаја) за доручак.
Где има много (аутомобили)? - У (Калифорнија) има много (аутомобили).
Има ли много (аутобуси) у (Монтереј)? - У (Монтереј) нема много (аутобуси).
Има ли у Југославији оволико (аутомобили)? - Не, у (Југославија) има мало (аутомобили).
Да ли су сви ученици били у (школа)? - Не, неколико (ученици) није било у (школа).

ЧЕТВРТИ ДЕО

ШТИВО БРОЈ 2

PART IV

READING TEXT NO. 2

О хлебу у Југославији

У Југославији, по градовима, хлеб се купује по пекарницама или се прави код куће. На селу хлеб се обично прави код куће.

По градовима хлеб се обично прави од белог пшеничног брашна. По селима се једе бели или црни пшенични хлеб или проја. Проја се прави од кукурузног брашна. И по градовима и по селима покаткад се јеле хлеб од ражи, који се обично прави од црног брашна. У војсци се једе црни пшенични хлеб. Тај хлеб се зове таин.

У Југославији се једе много хлеба.

"Toast" се на српскохрватском зове "пржени хлеб".

Кад хлеб није свеж, каже се да је бајат.

ПЕТИ ДЕО	PART V
ПИТАЊА ИЗ ШТИВА БРОЈ 2	QUESTIONS ON THE READING TEXT NO. 2

1. Где се купује хлеб по градовима у Југославији?
2. Да ли се хлеб прави код куће по градовима?
3. Да ли се по селима хлеб купује или се прави?
4. Од којег брашна се обично прави хлеб по градовима?
5. Који хлеб се једе више по градовима: од црног или од белог пшеничног брашна?
6. Који хлеб се једе више по селима: од белог или од црног пшеничног брашна?
7. Од којег брашна се прави проја?
8. Где се једе хлеб од ражи?
9. Од којег брашна се прави тај хлеб?
10. Од којег брашна се прави хлеб који се једе у војсци?
11. Како се зове тај хлеб?
12. Како се зове "toast" на српскохрватском?
13. Како се зове хлеб који није свеж?
14. Какав хлеб ви више волите: свеж или бајат?
15. Који хлеб ви више волите: бели или црни?
16. Где се једе много хлеба?
17. Једете ли ви много хлеба?

ШЕСТИ ДЕО	PART VI
ВЕЖБА ИЗ ПРЕВОЂЕЊА БРОЈ 2	TRANSLATION EXERCISE NO. 2

Where we buy food

Over there, in Yugoslavia, they buy food in various stores: in the grocery, in the bakery, in the dairy (shop), in the butcher shop, in the produce store.

Here in America some people buy food in more than one store, but, usually, one buys everything in one and the same (истом) store, that is, in a large grocery.

When do we go to a bakery? When we want to buy some special kind of bread.

Why do we buy milk in a dairy (shop)? Because, then, we do not have to go to the store every day.

Why do we sometimes buy vegetables and fruit in a special store, that is, in a produce store? Because their vegetables and fruit are usually of good quality.

СЕДМИ ДЕО   PART VII
РЕЧНИК БРОЈ 2   VOCABULARY NO. 2

```
568. бакалница, f.      - grocery store
569. продати, v.,t.,pfv. - to sell
     pr.t: продам,продаш,прода
           продамо,продате,продају
*569. продавати, v.t.,ipfv. - to sell
     pr.t: продајем,продајеш,продаје
           продајемо,продајете,продају
570. добити, v.,t., & i., pfv. - to get; to receive; to win
     pr.t: добијем,добијеш,добије
           добијемо,добијете,добију
*570. добијати, v.,t., & i., ipfv. - to get; to receive, to win
     pr.t: добијам,добијаш,добија
           добијамо,добијате,добијају
571. онамо, adv.        - over there
572. камо, adv.         - where (whereto; whither)
*144. нарочит, adj.,m.  - special
      нарочита, f.
      нарочито, n.
573. пекарница, f.      - bakery
574. одакле, adv.       - wherefrom (whence)
575. откуда, adv.       - wherefrom (whence)
576. млеко, n.          - milk
```

577. млѐкара, f.   — dairy (shop)
578. во̀ће, n., coll.   — fruit
579. пиља́рница, f.   — produce store (greengrocer's
580. ра́дња, f.   — store   / store)
581. о́нде, adv.   — over there
582. ка̀ткад, покаткад, adv.   — sometimes
583. ма̏ње, adv.   — less
584. о̀ва̄мо, adv.   — here (over here)

585. пшѐнични, adj.   — wheat
     пшѐнична, f.
     пшѐнично, n.
586. бра́шно, n.   — flour
587. про́ја, f.   — cornbread
588. кукўрузни, adj.   — corn
     кукўрузна, f.
     кукўрузно, n.
589. во́јска, f.   — army
590. та́ин, m.   — very dark bread (baked for
591. ба̏јат, adj., m.   — stale /the Yugoslav army)
     ба̏јата, f.
     ба̏јато, n.

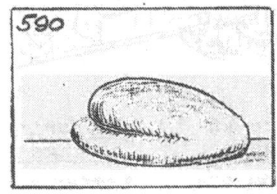

DAILY UNIT III

ПРВИ ДЕО   PART I

ДИЈАЛОГ БРОЈ 3   DIALOGUE NO. 3

У бакалници   In the grocery store

1. **Г.Форд**: Молим, дајте ми два **велика пакла масла** (маслаца, путера).

   1. **Mr.Ford**: Give me two <u>large packages</u> of <u>butter</u>, please.

   Бакалин: Не можете да добијете два **килограма путера**, него само **један килограм**.

   Grocer: You cannot get two <u>kilograms of butter</u>, but only <u>one kilogram</u>.

2. **Г.Ф**: Добро, онда ми дајте **три килограма свињске масти**.

   2. **Mr.F**: All right, then give me <u>three kilograms of lard</u>.

   Бак: То може, јер сам јуче добио <u>сто килограма</u> масти.

   Gr: That can be done ("That can"), because yesterday I received <u>a hundred kilograms</u> of lard.

3. **Г.Ф**: А затим хоћу <u>десет литара зејтина</u> (уља).

   3. **Mr.F**: And then I want <u>ten liters</u> of <u>oil</u>.

   Бак: Који зејтин желите?

   Gr: Which oil do you wish?

4. Г.Ф: Дајте ми **четири литра овог** и **шест литара оног** зејтина.

   Бак: Добро.

5. Г.Ф: Желим такође **мало сирћета**.

   Бак: Хоћете ли **пола литра**?

6. Г.Ф: Да, то је доста. А продајете ли ви зелену кафу?

   Бак: Продајем и зелену и пржену кафу.

7. Г.Ф: Како продајете кафу?

   Бак: Зелену (кафу) на кило, и то **двадесет и један динар** килограм.

8. Г.Ф: А како продајете пржену кафу?

   Бак: Пржену продајем на пакло, **двадесет и четири динара** пакло.

9. Г.Ф: Добро, дајте ми килограм зелене и пакло пржене кафе.

   Бак: Молим.

10. Г.Ф: Затим ми дајте један **џак брашна** и два **џака шећера**.

    Бак: Хоћете ли велики или мали **џак брашна**?

11. Г.Ф: Дајте ми велики џак.

    Бак: Молим, изволите.

4. Mr.F: Give me **four liters of this** and **six liters of that** oil.

   Gr: All right.

5. Mr.F: I also wish **some vinegar**.

   Gr: Do you want **half a liter**?

6. Mr.F: Yes, that is enough. And do you sell green coffee?

   Gr: I sell both green and roasted coffee.

7. Mr.F: How do you sell coffee?

   Gr: The green (coffee) by the kilogram, that is ("and that"), **twenty one dinars** ("dinar") a kilogram.

8. Mr.F: And how do you sell roasted coffee?

   Gr: The roasted I sell by the package, **twenty-four dinars** a package.

9. Mr.F: All right, give me a kilogram of green and a package of roasted coffee.

   Gr: O.K.

10. Mr.F: Then give me a **bag of flour** and two **bags of sugar**.

    Gr: Do you want the large or the small **bag of flour**?

11. Mr.F: Give me the big bag.

    Gr: All right, here you are.

ДРУГИ ДЕО PART II

ГРАМАТИЧКА АНАЛИЗА БРОЈ 3 GRAMMAR ANALYSIS NO. 3

PAR. 81 - THE GENITIVE PARTITIVE

A genitive noun may have a <u>partitive</u> meaning; it refers not to the whole mass or species, but to only <u>part</u> of it.
The English equivalent of the partitive genitive may be: <u>of</u>, <u>any</u>, <u>some</u>, <u>no</u>, <u>not any</u>, or no word at all.

PAR. 82. - THE GENITIVE PARTITIVE AFTER NOUNS

(1) Молим, дајте ми два велика <u>пакла масла</u>.
(1) Не можете да добијете два <u>килограма путера</u>.
(2) Добро, онда ми дајте три <u>килограма свињске масти</u>.
(3) А затим хоћу десет <u>литара зејтина (уља)</u>.
(4) Дајте ми четири <u>литра овог и шест литара оног зејтина</u>.
(10) Затим ми дајте један <u>цак брашна</u> и два <u>цака шећера</u>.
(10) Хоћете ли велики или мали <u>цак брашна</u>?

The nouns "пакло", "килограм", "литар", "цак" and other similar nouns denote only a part of the mass or species and as such they are followed by the genitive partitive.

PAR. 83 - THE GENITIVE PARTITIVE AFTER NUMERALS

1. - (10) Затим ми дајте један цак брашна и <u>два цака</u> шећера.
   (2) Добро, онда ми дајте три <u>килограма</u> свињске масти.
   (8) Пржену продајем на пакло, двадесет и четири динара пакло.
   Мој отац има <u>тридесет и три</u>, а моја мајка <u>тридесет и две године</u>.
   My father is <u>thirty-three</u> and my mother <u>thirty-two years old</u>.

The cardinal numerals "<u>два</u>" (two), "<u>три</u>" (three) and "<u>четири</u>" (four) are always followed by the genitive singular.
The genitive singular is used also after any cardinal numeral in which the last element (as expressed in words) is "два", "три" or "четири" (двадесет и четири, тридесет и три, тридесет и две, etc.)

NOTE: The <u>genitive singular of all masculine and neuter adjectives</u> after these numerals is formed by adding the ending "-a" to the stem:

(1) Молим дајте ми <u>два велика</u> пакла масла.
Шта имате <u>три последња часа</u>?
What do you have the <u>three last</u> periods?

2. — Он има пет синова.
He has **five sons**.

(4) Дајте ми четири литра овог и **шест литара** оног зејтина.
Ја имам **седам оловака** и **осам пера**.
I have **seven pencils** and **eight pens**.
У учионици има **девет ученика**.
There are **nine students** in the classroom.

(3) А затим хоћу **десет литара** зејтина.
У овој соби спава **једанаест војника**.
In this room **eleven soldiers** sleep.
У старој класи има **тринаест**, а у млађој класи **дванаест ученика**.
There are **thirteen students** in the senior and **twelve students** in the junior class.
Купио сам **петнаест килограма** шећера, **шеснаест килограма** кромпира и **седамнаест килограма** брашна.
I bought **fifteen kilograms** of sugar, **sixteen kilograms** of potatoes and **seventeen kilograms** of flour.
Мој брат има **осамнаест**, а моја сестра **деветнаест** година.
My brother is **eighteen** and my sister is **nineteen years old**.
Ја имам **двадесет** година.
I am **twenty years old**.
Мој пријатељ има **двадесет и пет** година.
My friend is **twenty-five years old**.

(2) То може, јер сам јуче добио **сто килограма масти**.

All cardinal numerals, except those under 1) and the cardinal numeral "један" and compound numerals in which the last element (as expressed in words) is "један" are followed by the genitive plural:

(1) Не можете да добијете два килограма путера, него само **један килограм**.
(7) Зелену на кило, и то **двадесет и један динар килограм**.

NOTE: The genitive after adverbs of quantity (see par 80), nouns mentioned in par. 82 and after numerals is also called the genitive of quantity.

ТРЕЋИ ДЕО   PART III

ГРАМАТИЧКЕ ВЕЖБЕ БРОЈ 3   GRAMMAR EXERCISES NO 3

Put the words in the parentheses into the proper form:
Колико (путер) желите? - Дајте ми два пакла (путер).
Колико (литар сирће) желите? - Дајте ми један литар (сирће).
Колико (шљиве) желите? - Дајте ми три (килограм) (шљиве).
Колико (синови) има господин Марић? - Господин Марић има два (велик син).
Колико (синови) има господин Перић? - Господин Перић има три (син).
Колико (перо) имате? - Ја имам четири (добра пера).
Колико (оловке) имате? - Ја имам пет (оштре оловке).
Колико (часови) на дан имате? - Ми имамо шест (часови) на дан.
Колико (столови) има у (наша учионица)? - У (наша учионица) има седам (столови).
У колико (часови) идате у (школа)? - Ја идем у школу у осам (часови).
Колико (птице) има у (кавез)? - У (кавез) има девет (птице).
Колико (брашно) има у (џак)? - У (џак) има десет (килограм) (брашно).
Колико (војници) спава у (ова соба)? - У (ова соба) спава једанаест (војници).
Колико (ученици) има у (наша класа)? - У (наша класа) има дванаест (ученици).
Колико (ученици) има у (старија класа)? - У (старија класа) има тринаест (ученици).
Колико (килограми) (брашно) сте купили? - Купио сам петнаест (килограми) (брашно).
Колико (килограми) (шећер) сте купили? - Купио сам шеснаест (килограми) (шећер).
Колико (зечеви) сте видели? - Видео сам седамнаест (зечеви).
Колико (године) имате ви? - Ја имам осамнаест (године).
Колико (године) има ваш старији брат? - Мој старији брат има деветнаест (године).
Колико (године) има ваша млађа сестра? - Моја млађа сестра има двадесет (године).
Колико (године) има ваша старија сестра? - Моја старија сестра има двадесет и (једна) (година).
Колико (године) има ваш пријатељ? - Мој пријатељ има двадесет и две (година).
Колико (ноге), а колико (руке) има човек? - Човек има две (нога) и две (рука).
Колико (зуби) има човек? - Човек има тридесет и два (зуб).
Колико (прсти) човек има на рукама, а колико на ногама? - Човек има десет (прсти) на рукама, а десет (прсти) на ногама.
Колико (ноге) има мачка, а колико (ноге) има голуб? - Мачка има четири (нога), а голуб има две (нога).

ЧЕТВРТИ ДЕО   PART IV

ШТИВО БРОЈ 3   READING TEXT NO. 3

О бројевима

Два пута један је два. Три пута један је три. Два пута два је четири. Пет пута један је пет. Два пута три је шест. Три и четири су седам. Два пута четири је осам. Три пута три је девет. Пет и пет су десет.

Десет и један су једанаест. Десет и два су дванаест. Десет и три су тринаест. Десет и четири су четрнаест. Десет и пет су петнаест. Десет и шест су шеснаест. Десет и седам су седамнаест. Десет и осам су осамнаест. Десет и девет су деветнаест. Десет и десет су двадесет.

Двадесет више један је двадесет (и) један. Двадесет више два је двадесет (и) два. Двадесет више три је двадесет (и) три. Двадесет више четири је двадесет (и) четири. Двадесет више пет је двадесет (и) пет. Двадесет више шест је двадесет (и) шест. Двадесет више седам је двадесет (и) седам. Двадесет више осам је двадесет (и) осам. Двадесет више девет је двадесет (и) девет. Двадесет више десет је тридесет. Тридесет више један је тридесет (и) један.

Десет пута десет је сто.

ПЕТИ ДЕО	PART V
ПИТАЊА ИЗ ШТИВА БРОЈ 3	QUESTIONS ON THE READING TEXT NO. 3

1. Колико је два пута три?
2. Колико је два пута четири?
3. Колико је три пута три?
4. Колико је два и три?
5. Колико је два и пет?
6. Колико је пет и пет?
7. Колико је двадесет мање један?
8. Колико је двадесет мање два?
9. Колико је двадесет мање три?
10. Колико је двадесет мање четири?
11. Колико је двадесет мање пет?
12. Колико је двадесет мање шест?
13. Колико је двадесет мање седам?
14. Колико је двадесет мање осам?
15. Колико је двадесет мање девет?
16. Колико је петнаест и шест?
17. Колико је петнаест и седам?
18. Колико је три пута десет?
19. Колико је тридесет више пет?
20. Колико је десет пута десет?

ШЕСТИ ДЕО	PART VI
ВЕЖБА ИЗ ПРЕВОЂЕЊА БРОЈ 3	TRANSLATION EXERCISE NO. 3

In the Grocery Store

Mr. Ford went to the grocery store yesterday, and he bought all kinds of food, especially fats. He bought a large package of butter, three kilograms of lard and ten liters of oil (four liters of one kind and six liters of another kind). The grocer did not want to sell two large packages of butter, but he sold as much (онолико) lard and oil as (колико) Mr. Ford wished to buy.

Mr. Ford also bought five small bags of flour of a kilo each, and a large bag of sugar. Further, he bought a kilogram of green coffee and a package of roasted coffee, as well as (као и) half a liter of vinegar.

СЕДМИ ДЕО   PART VII

РЕЧНИК БРОЈ 3   VOCABULARY NO. 3

592. да̀јте ми — give me
593. па̀кло, n. — package
594. ма̀сло, n. (маслац, m.) — butter
595. пу̀тер, m. — butter
596. ба̀калин, m.(ба̀кал, m.) — grocer
     pl: ба̀кали
597. ма̂ст, f. — fat
     сви̏њска̄ ма̂ст — lard
598. сто̂, card., num. — hundred
599. дѐсет, card., num. — ten
600. лѝтар, m. — liter
     gen.sing: лѝтра
     gen.pl: лѝта̄ра̄
601. зе̏јтин, m. — oil
602. у̏ље, n. — oil
603. ше̂ст, card., num. — six
604. си̏рће, n. — vinegar
     gen.sing: си̏рћета
605. два̀десет, card., num. — twenty
     два̀десет и јѐдан — twenty-one
     два̀десет и чѐтири — twenty-four
606. џа̂к, m. — bag
     pl: џа̀кови
607. шѐћер, m. — sugar
608. пе̂т, card., num. — five

609. сѐдам, card., num. — seven
610. о̀сам, card., num. — eight
611. дѐвет, card., num. — nine
612. једа̀наест, card., num. — eleven
613. два̀наест, card., num. — twelve
614. трѝнаест, card., num. — thirteen
615. четр̀наест, card., num. — fourteen
616. пѐтнаест, card., num. — fifteen
617. шѐстнаест, card., num. — sixteen
618. седа̀мнаест, card., num. — seventeen
619. оса̀мнаест, card., num. — eighteen
620. девѐтнаест, card., num. — nineteen
621. трѝдесе̄т, card., num. — thirty

DAILY UNIT IV

ПРВИ ДЕО	PART I
ДИЈАЛОГ БРОЈ 4	DIALOGUE NO. 4
У ресторану	In the restaurant

1. Келнер (Конобар): Да ли сте већ наручили (ручак)?

    Гост: Нисам, али желим да наручим.

2. Кел: Ако волите супу, и́ма данас добре говеђе супе.

    Го: Сит сам говеђе супе, али сам жељан рибље чорбе.

3. Кел: Данас нема рибље чорбе, али има пилеће чорбе.

    Го: Није било ни јуче рибље чорбе.

1. Waiter: Have you ordered (lunch) yet?

    Guest: I haven't, but I wish to order.

2. W: If you like soup, there is good beef broth today.

    G: I am fed up with (tired of) beef broth, but I am eager for fish soup.

3. W: Today there is no fish soup, but there is chicken broth.

    G: There was no fish soup yesterday either.

4. Кел: То је тачно, али је било рибље чорбе у прошли петак.

   Го: Кад је тако, дајте ми ту пилећу чорбу.

5. Кел: Молим. А шта желите као главно јело?

   Го: Прилично сам гладан. Дајте ми да погледам јеловник.

6. Кел: Изволите јеловник. Ту има свега, зар не?

   Го: Да, јеловник је пун разних јела, али ту нема рибе.

7. Кел: Ту су рибе. Зар не видите?

   Го: Да, али има само једна врста рибе.

8. Кел: У прошли петак имали смо више врста риба.

   Го: Добро, дајте ми неко печење.

9. Кел: Хоћете ли јагњеће или телеће печење?

   Го: Телеће. Такође, мало салате од парадајза.

10. Кел: Желите ли пите?

    Го: Имате ли неку слану питу?

4. W: That is correct, but there was fish soup last Friday.

   G: If that is so, give me that chicken broth.

5. W: All right. And what do you wish for ("as") the main course?

   G: I am rather hungry. Let me have a look at the menu ("Give me to look at the menu").

6. W: Here is the menu. There is everything ("There is of all") there, isn't there?

   G: Yes, the menu is full of various foods, but there is no fish there.

7. W: Fish is there ("are there"). Don't you see?

   G: Yes, but there is only one kind of fish.

8. W: Last Friday we had several kinds of fish.

   G: All right, give me some roast meat.

9. W: Do you want roast lamb or roast veal?

   G: Veal. Also some tomato salad.

10. W: Do you wish some pie?

    G: Do you have some salty pie?

11. <u>Кел</u>: Данас је врло добра
пита од сира.

<u>Го</u>: Дајте ми то и дајте
ми мало вина, јер сам
много жедан.

11. <u>W</u>: Today the cheese pie is
very good.

<u>G</u>: Give me that and also
give me some wine, because
I am very thirsty.

ДРУГИ ДЕО

ГРАМАТИЧКА АНАЛИЗА БРОЈ 4

PART II

GRAMMAR ANALYSIS NO 4

PAR. 84 - ENGLISH "THERE IS" AND "THERE ARE"

1. - The English expressions "there is" and "there are" have two distinct functions. In one "there" is spoken with emphasis and serves to point out the location of something as opposed to "here". In this case the Serbo-Croatian equivalents of "there" are " ту " or " онде " (see Par.79) and the equivalent of "is" and "are" the proper forms of the verb "бити":

Овде је земља, ту је море, а онде је сунце.
Here is the land, there is the sea, and (over) there is the sun.

In the other usage "there" is spoken with no emphasis at all; it introduces a phrase denoting the mere existence of something. It makes no reference to location. If the sentence indicates location another phrase must be included for that purpose (in the examples below: in the classroom, in the cup, on a hand). In this case the equivalent of the phrase "there is" or "there are" is most often the invariable form " има " (literally: has) and seldom the proper form of " бити ". The phrase "има " is always followed by the genitive case:

(2) Ако волите супу, данас има добре говеђе супе.
(6) Изволите јеловник. Ту има свега, зар не?
Колико ученика има у учионици? - У учионици има четири ученика.
How many students <u>are there</u> in the classroom? -
<u>There are</u>   four students in the classroom.
Колико прста има на једној руци? - На једној руци има пет прста.
How many fingers <u>are there</u> on a hand? - <u>There are</u>
five fingers on a hand.

Колико кафе има у шољи? - У шољи има само мало кафе.
How much coffee <u>is there</u> in the cup? - <u>There is</u> only a little coffee in the cup.

The following are examples in which the phrases "there is", "there are", are rendered by the proper form of "бити":

Шта <u>је</u> на прозору? - На прозору <u>је</u> цвеће.
What <u>is there</u> in the window? - <u>There are</u> flowers in the window.
Шта <u>је</u> на столу? - На столу <u>су</u> књиге, оловке и пера
What <u>is there</u> on the table? - <u>There are</u> books, pencils and pens on the table.

2. - "<u>There is not</u>" or "<u>there are not</u>" is translated by "<u>нема</u>" (literally: <u>has not</u>):

(3) Данас <u>нема</u> рибље чорбе.
(6) Да, јеловник је пун разних јела, али ту <u>нема</u> рибе.

3. - "There was" or "there were" is translated either by the <u>proper form of "бити"</u> or by "<u>било је</u>". The "било је" is used when reference is not made to the whole mass or species and particularly when the quantity is expressed by an adverb of quantity or a cardinal numeral which otherwise governs the genitive partitive:
(4) То је тачно, али је било рибље чорбе у прошли петак.
Колико војника је било на ручку? - На ручку је било много војника.
How many soldiers were there at the luncheon? - There were many soldiers at the luncheon.

Otherwise the proper form of "бити" is used:

<u>Био је</u> једном један цар.....
<u>There was</u> once a king......
Онде <u>су</u> некада <u>била</u> лепа села.
<u>There were</u> once nice villages here.

4. - "<u>There was not</u>" or "<u>there were not</u>" is translated either by the <u>proper form of "бити"</u> or by "<u>није било</u>", in accord with what has been said under 3):

Да ли <u>је било</u> много војника на ручку? - Не, на ручку <u>није било</u> много војника.
Were there many soldiers at the luncheon? - No, there were not many soldiers at the luncheon.

PAR. 85. - THE GENITIVE PARTITIVE AFTER ADJECTIVES

  (2) Сит сам говеђе супе, али сам жељан рибље чорбе.
  (6) Да, јеловник је пун разних јела.

    Adjectives "сит" (satiated, fed up with, tired of), "жељан" (desirous, eager), "пун" (full), "гладан" (hungry), "жедан" (thirsty) and other adjectives of similar meaning require the genitive partitive.

ТРЕЋИ ДЕО	PART III
ГРАМАТИЧКЕ ВЕЖБЕ БРОЈ 4	GRAMMAR EXERCISES NO. 4

1. - Translate the following sentences into Serbo-Croatian:
What is there in the cup? - There is a little coffee in the cup.
What is there in this bag? - There is sugar in that bag.
Is there any sugar in this coffee? - No, there is no sugar in that coffee.
Is there any milk in the cup? - Yes, there is some milk in the cup.
How many students are there in the classroom? - There are twelve students in the classroom.
How many chairs are there in the classroom? - There are thirteen chairs in the classroom.
How many tables are there in the classroom? - There are seven tables in the classroom.
How many doors are there in the classroom? - There is only a door in the classroom.
Is there much coffee in the cup? - No, there is only a little coffee in the cup.
Is my coat there? - No, your coat is not here but over there.
Are there many forests in Yugoslavia? - Yes, there are many forests in Yugoslavia.
Are there more Serbs and Croats in America than in Australia? - Yes, there are more Serbs and Croats in America than in Australia.
Were there many guests at the dinner? - No, there were not many guests at the dinner.
What did you have for dinner? - There was much meat, vegetables and fruits.
What did you have to drink for dinner? - There was some wine and much beer.
Is there enough of salt in this meal? - I think there is enough salt.
Did anybody ask for me? - Yes, there was an old man here and he asked for you.

2. - Put the words in the parentheses into the proper form:
Сит сам (градски живот).
Жељан сам (чист ваздух).
Џак је пун (шећер).
Море је овде пуно (риба).
Котао је пун (вода).
Вук (wolf) је увек гладан (месо) и жедан (крв).

ЧЕТВРТИ ДЕО	PART IV
ШТИВО БРОЈ 4	READING TEXT NO 4

Јеловник

Супе
    Говеђа супа............ 8 дин.
    Супа од пиринча .... 8 дин.
    Супа од резанаца .... 8 дин.

Чорбе
    Пилећа чорба .... 10 дин.
    Јагњећа чорба .... 10 дин.
    Телећа чорба .... 10 дин.
    Рибља чорба .... 10 дин.
    Парадајз чорба .... 8 дин.
    Чорба од кромпира .. 8 дин.

Хладна јела
    Хладна јагњетина..... 16 дин.
    Хладна прасетина .... 20 дин.
    Свињски језик .... 12 дин.
    Шунка .... 16 дин.
    Свињске кобасице .... 14 дин.
    Свињска пршута ...... 18 дин.
    Говеђа пршута .... 18 дин.
    Сланина .... 10 дин.
    Српски сир .... 8 дин.
    Кајмак .... 10 дин.
    Кисело млеко .... 4 дин.

Јела од јаја
    Кајгана .... 8 дин.
    Пржена јаја .... 8 дин.
    Кувана јаја (комад).. 2 дин.

Печења
    Пилеће печење .... 20 дин.
    Јагњеће печење (младо) 22 дин.
    Телеће печење........ 18 дин.
    Прасеће печење ...... 24 дин.

Разна јела
    Сарма од киселог
    купуса ....16 дин.
    Ђувеч .... 14 дин.
    Мусака од кромпира..12 дин.
    Мусака од плавих
    патлицана .... 16 дин.
    Пуњене паприке..... 15 дин.
    Пуњен парадајз..... 14 дин.

Месо на жару
    Бифтек .... 24 дин.
    Ћевапчићи (комад).. 1 дин.

Поврћа и варива
    Пире од кромпира .. 6 дин.
    Пире од пасуља .... 6 дин.
    Кисели краставци .. 6 дин.
    Кисели паприке .... 6 дин.
    Кисели купус ...... 6 дин.

Салате
    Зелена салата ..... 8 дин.
    Салата од парадајза
    и црног лука ...... 10 дин.
    Салата од свежих
    краставаца .... 10 дин.
    Салата од кромпира. 6 дин.
    Салата од пасуља... 6 дин.

Пите
    Пита од јабука .... 12 дин.
    Пита од сира ...... 12 дин.

Воће
    Јабуке .... 6 дин.

ПЕТИ ДЕО

ПИТАЊА ИЗ ШТИВА БРОЈ 4

1. Коју супу ви волите?
2. Коју чорбу ви волите?
3. Које хладно јело ви волите?
4. Како ви волите да једете јаја?
5. Које кувано јело ви волите?
6. Које печено јело ви волите?
7. Које печење ви волите?
8. Волите ли више печено месо или месо на жару?
9. Шта волите више: бифтек или ћевапчиће?
10. Које поврће ви волите?
11. Које вариво ви волите?
12. Коју салату ви волите?
13. Коју питу ви волите?
14. Које воће ви волите?

ШЕСТИ ДЕО

ВЕЖБА ИЗ ПРЕВОЂЕЊА БРОЈ 4

PART V

QUESTIONS ON THE READING TEXT NO. 4

PART VI

TRANSLATION EXERCISE NO. 4

In the Restaurant

When I want to order food in a restaurant, I first have a look at the menu. When I am very hungry and do not have time to study the menu, I ask the waiter. He knows what is good that day, and he knows what I like. Those menus are full of different names, and I like to learn difficult words. All kinds of dishes are there. Often there are foods that I don't like, and often, too, there are no foods that I like. For example, yesterday, I was eager for fish soup, but there was no fish soup; there was only chicken broth.

I like noodle soup, fish soup, ham, pork sausages, stuffed peppers, mashed beans and other legumes. I also like very much that dessert they eat in Yugoslavia, which they call "пита". It is more or less like our pie. And their "кајмак", which you eat on bread, is very tasty too.

СЕДМИ ДЕО	PART VII
РЕЧНИК БРОЈ 4	VOCABULARY NO. 4

622. рестòран, m. — restaurant
623. кèлнер, m. (кòнобāр, m.) — waiter
624. гôст, m. — guest
625. нарỳчити, v.,t.,pfv. — to order
    pr.t: нàрỳчим, нàрỳчиш, нàрỳчи
    нàрỳчимо, нàрỳчите, нàрỳчē
*625. нарỳчѝвати, v.,t.,ipfv. — to order
    pr.t: нарỳчујēм, нарỳчујēш, нарỳчујē
    нарỳчујēмо, нарỳчујēте, нарỳчујȳ
626. сỳпа, f. — soup or broth
627. сȉт, adj.,m. — tired of, fed up, satiated
    сѝта, f.
    сѝто, n.
628. жèљан, adj.,m. — eager, desirous
    жèљна, f.
    жèљно, n.
629. чòрба, f. — soup or broth (seasoned with
630. пéтак, m. — Friday /fried wheat flour)
    gen.sing: петка
631. глáдан, adj.,m. — hungry
    глáдна, f.
    глáдно, n.
632. глèдати, v.,t., & i.,ipfv. — to look
    pr.t: глèдāм, глèдāш, глèдā
    глèдāмо, глèдāте, глèдајȳ
*632. пòгледати, v.,t., & i.,ipfv. — to look
    pr.t: пòгледāм, пòгледāш, пòгледā
    пòгледāмо, пòгледāте, пòгледајȳ
633. јèловник, m. — menu
    pl: јèловници
634. пȳн, adj.,m. — full
    пȳна, f.
    пȳно, n.
635. слȃн, adj.,m. — salty
    слáна, f.
    слáно, n.
636. пȕта, f. — pie
637. вȋно, n. — wine
638. жéдан, adj.,m. — thirsty
    жéдна, f.
    жéдно, n.

639. рѐзанци, m.,pl — noodles
    gen.pl: резанаца
640. рѝбљи, adj.,m. — fish
    рѝбља, f.
    рѝбље, n.
641. шу̀нка, f. — ham
642. кобàсица, f. — sausage
643. ка̀јмак, m. — cream of boiled milk, salted
    gen.sing: ка̀јмака
644. пу̀њен, adj.,(pass.part),m. — filled, stuffed
    пу̀њена, f.
    пу̀њено, f.
645. вàриво, n. — legume
646. пѝре, m. — puree, mash
    пѝре од кромпи́ра — mashed potatoes

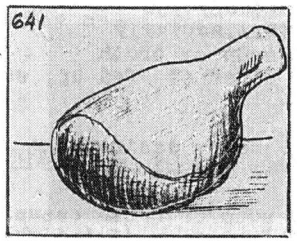
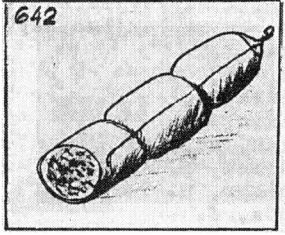

INDEX

                                                                                                           Page

```
ABBREVIATIONS                                          27, 41, 60, 69, 177
ACCENT IN SERBO-CROATIAN                                                4
ADJECTIVES:
   DECLENSION OF:
      The accusative plural                                           114
      The accusative singular                                         115
      The genitive plural                                             182
      The genitive singular of feminine                               182
      The genitive singular of masculine                              181
      The genitive singular of neuter                                 181
      The locative plural                                             134
      The locative singular                                           133
      The nominative plural                                            47
      Review of                                                       145
   DEFINITION OF                                                       45
   ENDING IN "СКИ"                                                    162
   FORMS OF:
      Definite form                                                    46
      Definite form only                                               47
      Formation of definite form                                       47
      Indefinite form                                                  46
   GENDER OF:                                                          45
      Formation of feminine and neuter genders                         46
   KINDS OF                                                           153
   STEM OF                                                             45
ADVERBS:
   DEFINITION OF                                                      201
   OF PLACE                                                           201
   OF QUANTITY                                                        202
ALPHABET - CYRILLIC:                                                   14
   SAMPLE OF HANDWRITING                                               15
ARTICULATION OF
   SERBO-CROATIAN CONSONANTS                                            9
   SERBO-CROATIAN VOWELS                                                3
CONJUNCTIONS:
   USE OF ДА                                                           84
CONSONANTS
   ARTICULATION OF                                                      9
   ASSIMILATION OF VOICED AND VOICELESS                               164
   CHANGE OF VELAR                                                     38
   CHART OF                                                             8
   DIVISION OF                                                          6
DECLENSION - DEFINITION                                                35
DIRECT OBJECT                                                          92
FINAL Л and O                                                         134
MOVABLE A                                                              48
```

NOUNS:	35
COLLECTIVE	135
DECLENSION OF	
The accusative plural	113
The accusative singular	92
The accusative with prepositions	94
The genitive plural of feminine	174
The genitive plural of masculine	173
The genitive plural of neuter	174
The genitive singular of feminine	172
The genitive singular of masculine	172
The genitive singular of neuter	172
The genitive of origin	192
The genitive partitive:	210
After adjectives	220
After adverbs of quantity	202
Definition	210
After cardinal numbers	210
After nouns	210
The genitive possessive	191
The genitive of quality	192
The locative plural	113
The locative singular	102
The long plural	75
The nominative - definition and use	36
The nominative plural	37
Review of	145
DEFINITION OF	35
GENDERS OF	35
KINDS OF	35
STEM OF	38
NUMERALS	
THE GENITIVE PARTITIVE AFTER CARDINAL	210
ORGANS OF SPEECH	2
ORIGIN OF THE SERBO-CROATIAN LANGUAGE	1
PERSON - FIRST, SECOND AND THIRD	55
PREDICATE	65
PREDICATE ADJECTIVE	73
PREDICATE NOMINATIVE	73
PREPOSITIONS:	
WITH THE ACCUSATIVE	94
WITH THE LOCATIVE	102
PRONOUNS:	
ADJECTIVAL:	
Declension, see adjectives	
Definition	64
DEFINITION OF	55
DEMONSTRATIVE	103
INTERROGATIVE	64
PERSONAL	55
POSSESSIVE	143

PRONUNCIATION DRILL SENTENCES	16
SENTENCE:	
DECLARATIVE (Affirmative and negative)	66
DEFINITION	64
INTERROGATIVE	73
INTERROGATIVE NEGATIVE	75
KINDS OF	65
PRONUNCIATION DRILL SENTENCES	16
SIMPLE	65
THERE IS, and THERE ARE	218
VERBS:	
ACTIVE PAST PARTICIPLE OF	123
AUXILIARY VERB БИТИ	57
COMPOUND PAST TENSE OR THE PERFECT	123
DEFINITION OF	56
IMPERFECTIVE	85
INFINITIVE OF	56
INTRANSITIVE	91
PRESENT TENSE:	57
Of the auxiliary бити:	
Affirmative	57
Negative	66
Endings	82
With connecting vowel a and pr. t. endings ам, аш, а, амо ...	83
With connecting vowel e or $и$ and pr. t. endings им, иш, и ...	84
Of the verb ићи	93
Negative form of	66
Negative form of the verb имати	66
PERFECTIVE	85
TRANSITIVE	91
VOWELS:	
ARTICULATION OF	3
WORD ORDER	73

www.ingramcontent.com/pod-product-compliance
Lightning Source LLC
LaVergne TN
LVHW051454070326
833374LV00032B/944